KB175870

지중해의 여행자,
트루바두르

이 책은 2007년도 정부의 재원으로 한국연구재단의 지원을 받아 수행된 연구
(NRP-2007-362-A0021)입니다.

지중해의 여행자, 트루바두르

조세프 앙글라드 **지음**
장니나 옮김

이담
Books

서문

　이 책은 낭시대학교 1907, 1908학년도 겨울 학기에 개설된 강의에서 비롯되었다. 본 강의는 흔하지 않은 새로운 교과목으로서 식견이 풍부한 자를 위한 높은 학술적 수준의 강의로, 이 자리를 빌려 수강생들에게 깊은 감사를 표하고 싶다. 그동안 이 분야에 대한 학술서가 없었기 때문에 이 책을 집필한 목적은 과거 문학의 영광스러웠던 시대를 정확하게 독자들에게 알리는 데 있다. 또 언급되는 문학주제들을 역사와 사회적 배경 안에서 논의를 더욱 확고히 하는 데 있다. 이 분야 연구자뿐만 아니라 지나온 문화유산에 흥미를 갖는 일반 독자 역시도 겨냥했다. 지중해의 음유시인인 남프랑스의 트루바두르(troubadours)는 과거의 현상일 뿐만 아니라 아름답고 흥미로운 주제이기 때문이다.

　이 책에는 주석과 필사본의 인용이 많은데, 바로 독자의 이해를 도우려는 편의를 위해서다. 우리는 원칙적으로 원전인 프로방스어로 된 텍스트에서 인용을 하려고 했다. 베르나르 드 반타두르(Bernard de Ventadour) 및 디(Die) 백작부인의 우아한 문체와 페르 카르데날(Peire Cardenal)의 견고하고도 생생한 문체를 엿볼 수 있는데, 특히 문체와 운율의 격조 및 기교는 번역으로는 완벽하게 전달하기가 쉽지 않았다. 이 책에는 미처 우리가 알지 못했던 이 언어의 매력적인 많은 부분을 풍부하게 싣고 있다. 한편으로는 이 연구와 맥을 같이하는 프랑스어로 번역된 프로방스 문집이 오래지 않아 출간될 것이다.

이 책에서는 주석에 적힌 텍스트를 참조할 수도 있다. 우리 작업의 마지막 부분은 주석 및 참고문헌으로 구성되어 있다. 우리는 완벽한 참고문헌을 제안하기보다는 다루는 주제를 더욱 깊이 공부할 수 있도록 기본적인 주석을 달아 트루바두르의 시에 흥미를 가진 독자에게 유용한 저서가 되길 기원한다. 본 저서는 이 학문 분야에서 충실한 가이드 역할을 할 수 있을 것으로 기대된다.

이 책을 통해 옛 프로방스 문학의 역사 전체를 찾을 수는 없을 것이다. 우리는 어느 한 시기에 흥미롭고 특징 있는 가장 위대한 시인들의 이름을 중심으로 지중해의 음유시인인 트루바두르 시에 관한 역사만 기술하기를 원했다.

따라서 고셀 페디(Gaucelm Faidit), 페롤(Peirol), 폴케 드 로망(Folquet de Romans) 및 이른바 저명하게 '알려진 자들의 영광'을 자랑하는 사람들이 논의의 대상이 되진 않을 것이다. 위에서 언급한 사람들은 디에즈(Diez)의『트루바두르의 삶과 작품(Vies et Œuvres des Troubadours)』-아쉽게도 오래된 초판만 프랑스어로 된-에서 참조할 수 있을 것이다. 우리는 단지 우리 저작(著作)의 한 부분에서 다룰 것이다. 포리엘(Fauriel)의 저서는 가장 중요한 부분이 틀렸기 때문에 참조하기에는 덜 유용했음을 밝힌다.

이 책은 필요성에 부합할 수 있을까? 우리는 그렇다고 생각한다. 학문적으로 고대 지하묘지에 갇혀 있던 트루바두르의 시에 찬란한 광명을 찾아주기 위해 우리의 학술서, 총서, 논고에 종종 언급하고 있다. 트루바두르에 관한 연구는 로망어 연구의 발전을 야기했다. 이와 관련하여 여러 저서가 출판되었고 다른 책들도 출판 준비 중이다. 문학사의 어떤 부분은 심도 깊게 다루어졌다. 이는 우리가 개괄하길 원하는 다양한 연구 작업의 결과이다.

결국 트루바두르는 그들의 작품이 박사 논문 및 학술적인 토론의 주제가 되기 위해서 창작된 것만은 아니다. 그들은 일반 대중을 위해서도 글을 썼을 것이다. 일반 대중은 지성과 사랑의 감정을 지닌 여성들이 대다수를 차지하고 있고 그들은 문학 장르, 시를 예찬한다. 시대와 관습의 차이에도 불구하고 이러한 문학 취향의 대중은 완벽하게 사라지지는 않았다. 최소한 나는 그렇다고 믿는다.

우리는 닫힌 조사법 'trobar clus'[1]를 비교할 것이다. 사람들은 이 낱말이 지칭하는 의미가 중세 프로방스 시 분야에 관한 문외한들에게는 길을 잃게 하거나 유일한 전수자들에게는 시를 맡기는 기술적인 시의 규칙, 문체임을 알게 될 것이다. 위대한 트루바두르인 지로 드 보르넬(Giraut de Bornelh)이 어느 날 초기에 창작한 자신의 노래들 중 하나에서 다음의 내용을 선언함으로써 답을 하고 있다: "내게 충분한 재능이 있다면 내 손주가 이해할 수 있도록 충분히 명확한 풍자 가요를 쓸 것이다." 이 역작을 집필하면서 우리를 줄곧 이끌어 갈 생각이

---

1) 12세기에 프로방스(Provence) 지방의 시인 일파가 썼던 복잡하고 애매한 조사법(措辭法)_옮긴이.

바로 이것이다. 우리는 모든 사람들을 이해시키기 위하여 충분히 단순하고 명확하게 집필할 것이고 그 목적을 달성할 수 있을 것인지 궁금하다.

끝으로 이 책을 우리의 옛 스승인 카미유 샤바노(Camille Chabaneau)에게 헌정하고자 한다.

일러두기

1. 이 책의 원제는 『트루바두르들, 그들의 삶, 그들의 작품, 그들이 끼친 영향(Les Troubadours, leurs vies, leurs œuvres, leur influence)』이다.

2. 이 책의 원저는 1919년 프랑스 파리 아르망 콜랭 출판사(Librairie Armand Colin)에서 출판된 책을 옮긴 것이다.

3. 이 책의 원저는 총 열두 개의 장(1부와 2부)으로 구성되어 있으며 본 번역본은 1부(1-5장)만을 번역하였다.

CONTENTS

CHAPTER 04 궁정 연애(l'amour courtois)의 견해. 연애학 강의

CHAPTER
05

트루바두르의 주요인물: 최초의 시대

지중해의 여행자, 트루바두르(Les toubadours)*

서 언

현대문학 연구는 언어학의 탁월한 연구 성과로 주어진 비교연구방법론이 적용된 이후로 쇄신되었다. 오랫동안의 관례는 문학의 외부 요인인 사회, 문화를 고려하지 않고 위대한 국가적 차원에서 문학 각 장르를 문학 자체로 연구하는 것이 지배적인 학문 풍토였다. 그러나 이러한 연구 방법의 결점과 취약함이 알려졌다.

사람들은 프랑스 낭만주의의 역사를 연구하면서 이웃 나라의 문학사를 동시에 연구하지 않은 채, 혹은 그 기원을 거슬러 올라가지 않은 채 연구를 감히 진행하지는 않는다. 17세기의 어떤 장르에 대한 역사는 프랑스와 에스파니아의 문학적 관계에 대한 연구가 최근에 새로이 힘을 얻었다. 16세기 프랑스 시 연구는 오랫동안 의혹으로 남아 있던 이탈리아로부터 수용한 프랑스의 상호 영향을 승인하였고 현대 학자들은 더욱 세부적으로 연구해오고 있다.

중세문학 연구에도 적용된 동일한 방법론은 만족스러운 결과를 가져왔다. 이탈리아의 경우를 보면 이탈리아 문학을 집필하는 역사가들은 프랑스의 서사시가 이탈리아 서사시의 기원이었고 최초의 서정시는 프로방스의 서정시를 모방했음을 인정하기가 어렵지 않았다.

로망어권 문학에서 트루바두르 시가 지중해를 둘러싼 이웃 나라들에게 끼친 영향은 오래전부터 알려진 사실이었다. 디에즈(Diez)는 갈리시아의 시(la poésie galicienne)를 연구하면서 이미 그러한 사실을 기록했다. 관련 텍스트들은 출간되었고 많은 논증이 재개되었다. 결론은 의심의 여지가 없었다. 동일한 결론이 카탈로니아 시의 기원을 연구하는 사람들에게도 똑같이 인정받았다. 결국은 시의 형태 및 기교, 방법론 측면에서 프로방스의 영향 및 흔적을 도처에서 발견할 수 있었던 것이다. 프랑스 서정시 및 북프랑스의 오일어로 된 서정시도 남프랑스 서정시가 끼친 영향과 관련하여 장로이(M. Jeanroy)의 『프랑스 서정시의 기원(Les Origines de la Poésie lyrique en France)』에서 훌륭하게 그 결과를 드러내고 있다.

결국 독일 문학에서도 이러한 영향의 흔적을 발견하는 것이 어렵지 않다. 독일 문헌학을 연구하는 학자 칼 바르트쉬(Karl Bartsch)는 로망어 문헌학 특히 프로방스의 문헌학도 연구해야만 했고 12세기 말엽의 중세 독일의 두 음유시인인 프리드리히 폰 하우젠(Friedrich von Hausen)과 로돌프 드 누엔버그(Rodolph de Neuenburg)는 잘 알려진 프로방스의 두 트루바두르인 마르세유의 폴케(Folquet de Marseille)와 페르 비달(Peire Vidal)을 정확하게 모방했다. 미네장(*Minnesang*)[1] 전체를

---

1) 중세 독일 음유시인이 읊은 연애시_옮긴이.

훑어보아도 차용된 많은 흔적이 암시되고 있다.

확인된 이런 단순한 문헌적 사실들은 프로방스 시(詩)라는 우리 주제에 관한 흥미를 부각시키는 것으로 충분하다. 이어서 우리는 프로방스 시의 내부 역사 중 위대한 특징들을 세부적으로 거슬러 올라갈 것이다. 지금으로서는 그 기원을 연구하고 분야의 범위를 설정하며 시의 특징들, 시의 창작이 지속된 기간, 시의 가치를 기록하고 시를 창작한 트루바두르를 연구하기에 앞서 필수적으로 알아야 되는 용어들을 요약할 것이다.

우리는 중요한 관점들을 빠르게 훑어봐야 하고 위대한 가치를 지닌 작품들을 간결하게 암시하며 어떤 방향들을 요약해야 하고, 특히 트루바두르들에 관한 이 연구에서는 트루바두르의 특징에 초점을 맞추어 남기기를 원한다. 우리는 사실이 아닌 것은 말하지 않을 것과 확증적인 증거가 없는 것은 단언하지도 않을 것이며 더 과학적인 방법론의 특징을 가진 다른 분야 연구처럼 논증들의 세부사항을 드러낼 것이다.

1. 갈로-로마 문명[2]

로마 문명은 전체 골(Gaule)[3]에서 프로방스(Provence), 랑그독(Languedoc), 마르세유(Marseille) 및 나르본(Narbonne)을 거쳐 스며들었다. 이미 마르세유와 나르본은 고대 그리스 문명의 영향을 받았다. 일찍부터 고등교육을 위한 학교가 남프랑스 지방에 세워진다. 4세기에는 보르도(Bordeaux), 페리괴(Périgueux), 오슈(Auch), 툴루즈(Toulouse), 나르본, 아를(Arles), 비엔(Vienne) 및 리옹(Lyon)이 당대 찬란한 영광을 누렸음을 기억하는 것으로 충분하다.

또 골 전체에서의 복음전파는 남프랑스에서부터 시작되었다. 오늘날도 회자되고 있는 프로방스에서의 영광스러운 전설을 기억할 수

---

2) 로마 공화정의 세지르가 '수목이 우거신 갈리아'(Gaule chevelue)와의 전쟁(기원전 58~51년)에서 승리하여 골(Gaule)을 정복하였으며 로마 제정기의 오귀스트 황제에 의해 합병하면서 정치, 행정, 사회, 종교 분야에서 골의 전통적인 고유한 문화 토대 위에 로마의 문화가 수용된 독창적이고 역동적인 복합문명인 갈로-로마 문명(기원전 1세기-기원후 5세기: 기원전 52~476년)을 일컫는 말임_옮긴이.

3) 고대 프랑스 땅, 영어로는 '갈리아'라고도 함_옮긴이.

있다. 그리스도 초기 시대에 이 나라 남프랑스는 이러한 요인들로 인해 지성과 예술적 삶을 부여받았는데 당시 골의 다른 지역에서는 알지도 못하는 것이었다. 단언컨대 골의 동쪽과 북동쪽에서는 브장송(Besançon), 오튕(Autun), 트레브(Trèves)의 학교들이 유명한 것처럼 상트르(Centre) 지방에서는 부르주(Bourge), 오를레앙(Orléans)의 학교가 저명했다. 우리가 여기서는 구체적으로 언급하지 않겠지만 그 학교들의 쇠퇴는 남프랑스에서 학교가 쇠퇴하는 것보다 더욱 빨리 진행되었다.

특히 트레브 도시는 줄리앙(M. Jullian)이 언급했듯이 오존(Ausone)이 있었음에도 불구하고 위대한 그 지역의 대학을 자랑스러워하기보다는 오히려 무기, 군대에 위대한 가치를 뒀다.[4] 그레구아르 드 투르(Grégoire de Tours)가 보고한 이상한 일화를 통해 우리는 당대 파리 수도원장의 정신과 가치관을 알 수 있으며 변덕스러운 성정을 지닌 클로테르 왕(Clotaire)이 프로방스 지방의 아비뇽으로 주교 파견을 원했다는 정보를 제공받는다. 가여운 성 돔놀로(saint Domnolus)는 밤새도록 기도를 하는데 신에게 '세나토르 소피스티코'(당대 도시 자문역할)와 아비뇽에 거주하는 '쥐디스 필로조피코'(사법 관리역할) 중 어느 것으로도 파견되지 않도록 기원하는 것이었다. 그는 자신의 고지식한 성격 때문에 부여받은 책무가 명예롭기보다는 굴욕감을 주는 것이라고 단언했다.[5]

---

4) Roger, 『클래식 문예의 교육, 오존에서 알퀸까지(L'enseignement des lettres classiques, d'Ausone à Alcuin)』, Paris, 1905.

5) Kiener, *Verfassungsgeschichte der Provence seit der Ostgothenherrschaft bis zur Errichtung der Konsulate(510-1200)*, Leipzig, 1900, p.48.

2. 문학 및 예술의 전통 유지

따라서 골의 남부에 있는 대부분의 도시에서는 문학 및 예술의 전통이 유지되었으며 적어도 샤를마뉴(Charlemagne) 시대의 클래식 연구를 위한 쇄신까지는 그 기조를 유지했다고 볼 수 있다. 150년 남짓 한 이 시기에 우리는 남프랑스의 언어인 오크어로 창작된 시 두 편을 최초 기념비적인 작품으로 구별한다. 그 시(詩)는 보에스(Boèce)가 쓴 <위안에 관하여(De Consolation)>에 주해를 곁들인 철학 시와 성(聖) 포이 다장(Foy d'Agen)에 대한 시(詩)이다. 11세기 말에 최초의 트루바두르인 푸아티에(Poitiers) 백작인 기욤(Guillaume)이 출현한다.

문학전통의 계승이라는 차원에서 이러한 경향은 시 운동의 출현을 설명하는 데 주요한 일이다. 트루바두르의 시는 당시 쇠퇴기에 있던 라틴 시의 상속인이 될 것이다. 장르에 대한 설명은 우선 여기에서 그치고 다른 부분에 대해서는 조금도 찾지 않는 것이 자연스러워 보인다. 그러나 진실은 꽤 달라 보인다. 우리는 연구의 범위를 정한 뒤에 고대 오크어의 언어학적 부분을 바깥으로 끄집어낼 것이다. 그러면 기원에 관한 의문은 드러날 것이고 이후라야 더욱 선명해질 것이기 때문이다.

3. 오크어(la langue d'oc)[6]의 지리적 경계

오크어의 지리적 경계는 중세 이래로 변화되지 않은 것으로 보인다. 프랑스에서 북프랑스의 오일어와 남프랑스의 오크어 두 언어 간 지리적인 경계는 가론(Garonne) 강 우안에서 출발하여 도르도뉴(Dordogne)과의 합류지점까지이고 북쪽을 거슬러 올라가서는 리모주(Limoges), 게레(Guéret), 몽뤼송(Montluçon)을 지나 오일어(la langue d'oïl)권에 앙굴렘(Angoulême)을 포함한다. 그리고는 로안(Roanne)과 생 에티엔(Saint-Étienne)을 거쳐 리옹(Lyon)을 향해 다시 내려온다.

도피네(Dauphiné) 지방의 일부분, 그르노블(Grenoble) 아래까지, 프랑쉬-콩테(Franche-Comté) 지방, 대략 몽벨리야르드(Montbéliard)까지와 스위스 로망어 방언권이 동일한 언어 계열 그룹을 형성하고 있다. 언

---

6) 라틴어에서 나온 로망어 계열로 옥시탄어 혹은 오크어라고 부르며 중세 옥시타니아 지역(오늘날 프랑스 남부, 스페인, 이탈리아의 일부)에서 사용된 언어로 여러 방언이 있으며 현재 프랑스의 지역어로서 남프랑스, 이탈리아 북서부, 발다란, 모나코에서 사용되고 있음_옮긴이.

어학자 아스콜리(Ascoli)는 프랑코-프로방스어(le franco-provençal)[7]로 명명했다. 그 용어는 이 지역의 방언권을 나타내는 것으로 프랑스어와 프로방스어의 모든 특징을 공통적으로 갖고 있기 때문이다.

지중해를 향해 내려오면서 언어의 지리적 경계는 프랑코-프로방스어권에 포함되는 발 도스트(Val d'Aoste)와 오크어를 사용하는 몇몇 이탈리아 마을을 제외하고는 정치적인 경계와 혼동을 준다.

남서부의 언어적 경계는 현 프랑스의 국경을 많이 초월한다. 카탈로니아어(le catalan)를 사용하는 바르셀로나(Barcelone), 발렌시아(Valence)와 바레아레스 제도(îles Baléares)는 프로방스 언어권이기 때문이다.

우리가 앞에서 언어권의 큰 특징으로 삼은 이 지역은 오늘날에도 그러하듯이 여러 방언을 포함하고 있다. 주요 방언으로는 오일어 계열 방언인 생통주어(saintongeais)와 푸아투어(poitevin)가 있고 이웃 언어인 리무쟁어(limousin), 오늘날과 거의 동일한 가스코뉴어(le gascon), 가론 지방의 만곡, 랑그도크어(le languedocien), 오베르뉴(Auvergne)와 도피네의 방언들, 이른바 프로방스어가 있다. 오늘날 이 방언들은 수 세기에 걸쳐서 형성된 언어적 특징으로 인해 커다란 차이를 보이고 있으면서도 자유롭게 발전해왔다. 결론적으로 방언의 기원이 동일한 것은 아니며 당시 언어들 간 차이는 민감하지 않은 정도였다.

게다가 이 언어들은 일찍부터 일종의 문학 언어로 형성되었다. 어

---

7) 프랑코-프로방스어권의 대략적인 경계는 그뢰베(Grœber)의 첫 지도에서 나옴. t. I.

면 제도적이고 학술적인 아카데미의 역할도 없이 엄정한 언어의 규칙도 없이 어쩔 수 없이 오로지 시에 의해서만 초기 트루바두르의 언어는 언어 계승자로서 불가피하게 강요되었던 것이다. 우리는 그들 중 몇몇의 시에서 다양한 지역 방언을 알아볼 수 있다. 전체적인 맥락에서 볼 때 오크어는 12세기 초부터 13세기 말까지 현저하게 남아 있었다.

4. 트루바두르 시에서의 리무쟁(limousines)[8] 기원

이 언어와 가장 유사한 방언은 리무쟁 방언이었다. 근거가 될 만한 중요한 지표가 있는데 프로방스 시의 기원이 되는 초기 시작품들이 이 언어로 창작되었다는 점에 반박할 수 없다. 언어학은 학문의 출발 선상에서 문학사 연구에 도움이 되었다. 트루바두르의 초기 시(詩)들은 리무쟁 방언으로 기록되었으며 12세기에서 13세기 시인들에게 강요된 것도 리무쟁 방언이었다.[9]

문학사에서는 빈번한 현상은 아니었다. 리무쟁-프로방스어는 남프랑스의 유일한 시적 언어가 될 뿐만 아니라 에스파니아와 이탈리아의 일부분에서도 사용되었다. 오일어권에서 출생한 시인들은 예를 들

---

8) 프랑스 남서부 지역으로 6세기에 프랑크족의 지배하에 있었고 이후 앙주 가문의 여러 자작들이 통치하였으며 고대부터 12세기까지 아키텐 지방이었음_옮긴이.

9) 이 언어는 로망어라 부르는데 하위 개념으로는 리무쟁어이고 13세기에는 프로방스어로 명명되었음. 프로방스는 남프랑스 전체를 거의 다 포함하고 있었기 때문에 프로방스어로 통칭됨_저자.

어 생통주(Saintonge)에서는 프로방스어로 시를 썼다. 전설 이야기에 따르면 단테가 『신곡(Divine Comédie)』을 이 언어로 쓰려 했다는 것인데 우리가 잊지 말아야 할 사실은 단테의 스승인 브뤼네토 라티니(Brunetto Latini)는 프랑스어로 글을 썼고 동향인인 소르델(Sordel)은 프로방스어로 작품을 창작했다. 확실한 점은 단테는 『신곡』에서 아르노 다니엘(Arnaut Daniel)의 입을 통해 프로방스어로 된 시의 작가라는 점이다.

그러나 기원의 문제로 다시 돌아가야 할 시점이다. 그 점에 대해 우리는 어느 편도 선택할 수 없는 불안정한 마음의 상태로 그저 내버려두기도 했고 어쩌면 이미 해결하기도 했다.

기원을 규명하기 위하여 초기에 창작된 시(詩) 작품들이 서쪽, 남서쪽, 리무쟁(Limousin), 푸아투(Poitou), 생통주(Saintonge)에서 왔다는 점이 매우 중요함을 무엇보다도 인지해야 한다. 결론적으로 트루바두르 시의 요람으로 자리 잡은 두 지방을 포함하는 경계점으로 보이는 곳은 푸와투의 일부분과 리무쟁이다. 트루바르두르 시 중 최초는 푸와티에의 백작인 기욤이 아닐까?10)

---

10) 샤바노는 트루바두르들의 출신을 지방으로 분류했는데 그 근거는 그들의 일대기(111개의 전기가 발견되는데 전체 트루바두르의 수에 비하면 1/4 수준)임. 아키텐 출신이 41명(기욤 드 푸아티에 등), 오베르뉴와 블레이 출신이 12명(페르 도베르뉴, 페르 로지에, 페롤, 페르 카르데날 등), 랑그독 출신이 18명(툴루즈 출신의 페르 비달, 에브릭 드 페길란, 레몽 드 미라발, 기로 리키에 등), 프로방스와 비엔 출신이 28명(랭보 도랑쥬, 디 백작부인, 폴케 드 마르세유, 랭보 드 바키에르, 폴케 드 로망 등), 가스코뉴 출신이 다수(세르카몽, 마르카브룅, 조프르 뤼델, 리고 드 바르베지외(생통주), 아르노 드 마뢰이, 아르노 다니엘, 지로 드 보르넬, 베르트랑 드 보른 등) 있음_저자.

푸와투의 '소리', 멜로디가 존재했다. 이 프랑스 지역은 오크 방언들과 오일어 방언들이 교류했던 곳으로 다수의 민중 노래, 로망스, 여명시(詩), 전원시, 윤무곡과 무도곡이 창작된 곳으로 추정된다. 이 노래들 속에서 트루바두르 시의 기원을 찾아야만 한다.

초기 창작 시의 예술 형식과 운율에 있어 우아한 기교 그리고 민중시(詩)의 단순하고도 다소 거칠고 투박한 것과는 거리가 멀어 보이는 모든 점이 우리에게 그 예술의 소박한 기원설을 속이게 되게 마련이었다. 궁정 샹송이야말로 트루바두르 시 중에서 가장 주목할 만한 장르인데 사실은 민중 샹송, 사랑의 샹송 혹은 봄의 윤무곡이 이 장르를 탄생시킨 선구자였다. 특히 봄의 윤무곡은 궁정 샹송의 초기 시(詩) 작품에서 거의 모든 것을 재현하고 있으며 나뭇잎, 꽃 그리고 새들의 귀환을 떠오르게 한다. 5월의 상징인 나이팅게일, 제비, 종달새, 이렇듯 민중적이고 시적인 새들을 통해 이 시의 머나먼 기원이 가장 관습적인 샹송에 나오는 초기 시작(詩作)에서 출발했다는 것을 암시한다.

게다가 트루바두르가 다룬 장르들 가운데 몇몇은 여전히 민중적인 스타일을 고수하고 있었다. 그 시작(詩作)들 중에서 중요한 것으로는 전원시인데 대개 시인인 기사들과 목동 간의 대화로 이루어져 있다. 다음으로는 여명시(詩), 여명의 노래가 있는데 그 내용은 사랑의 약속으로 밤을 지새우는 연인이 등장인물로 출현하는 장르이며 친구에게 날이 밝음을 알리고 동시에 사랑의 위험을 일깨워주는 것이다. 끝으로 짧은 시형(詩形)의 발라드와 무도곡은 여기서 인용하기에는 불필요할 정도로 흔하지 않은 가장 드문 장르다.[11]

그러나 초기에 민중적인 특징을 고수했던 장르를 벗어나 트루바두르의 시는 필연적으로 가장 세련된 예술을 담은 예술시로 변모했다. 세부적으로 살펴보면 트루바두르의 예술시는 이 시를 탄생시킨 민중시와의 차이를 잘 보여준다. 우리는 민중시가 운율의 사용과 절(節)의 조합에서 아주 큰 다양성을 나타내지는 않는다는 걸 알고 있다. 또 시와 민중음악을 표현하는 도구와 관례적인 부가형식이 단순한 편이다. 어떤 시는 프로방스 서정시에 있는 절(節)의 형식과 닮은 경우도 몇 편 있다. 총 817편을 들 수 있는데 사실상 그 정확한 수효는 미완성이다. 실제로는 3행으로 된 짧은 절(節)부터 42행의 절(節)까지 포함해서 대략 천 편 정도의 시가 있다. 시(詩) 절(節)의 풍부함과 몇몇 서정시의 기교에 있어서 겉으로 보기에는 민중시와 예술시 간의 유사성이 없는 것으로 보인다.

이 시의 예술적인 특징은 연구가 진행됨에 따라 더욱 명확하고 확고하게 드러날 것이다. 지금은 트루바두르 시의 기원이 리무쟁 주변의 지역에서 나왔다는 것과 민중시가 예술적인 시를 낳았다는 점 그리고 트루바두르 시의 고유한 특징인 예술시는 단순함과는 거리가 먼 형태라는 것을 아주 개략적으로 알 수 있음에 충분하다.[12]

---

11) 고대 프로방스 시에 나타난 민중장르에 관해서는 다음을 참조할 것. cf. Ludwig Roemer, *Die volksthümlichen Dichtungsarten der altprovenzalischen Lyrik*, Marbourg, 1884, et Jeanroy, 『프랑스 서정시의 기원(Origines de la poésie lyrique en France)』.
12) 트루바두르들의 운율론에 관하여는 다음을 참조할 것. cf. P. Maus, *Peire Cardenal's Strophenbau*, Marbourg, 1884.

5. 준비 시기(11세기)

어떤 시기를 정확한 기원으로 확정지을 수 있을까? 트루바두르 초기 시들의 민중적인 특징을 고려하면서 대략의 날짜를 부여하는 것은 상당히 곤란한 문제이다. 아주 단순한 주제와 명백한 다양성을 지닌 민중 샹송은 전 시대를 통해 존재했기 때문이다. 민속시는 적어도 소위 문명화되었다는 모든 대부분 지방에서 창작되었다. 각 지방들은 고유의 혈통과 문화는 아주 달랐지만 샹송은 공통점이 많았다.

『프랑스 서정시의 기원』의 저자는 현대 동시대 러시아의 민중시에서 한 카자흐 기병이 방종한 여자와 즐거이 노니는 내용을 다룬 <신부의 아픔>의 주제가 바로 중세 민중 샹송에서 나오는 기사의 역할이 감정의 위로자와 동일한 역할임을 인용할 수 있었다(p.457). 따라서 트루바두르 시의 첫 시기에 대한 날짜를 고정하지는 않을 것이다. 우리는 트루바두르의 시가 푸와투의 백작이자 아키텐 공작인 기욤과 더불어 시작되었음을 안다. 그의 재위 기간은 1087년에서 1127년까지이다. 그러나 11세기 초와 중반에 민중 샹송이 번성했음을 볼 수 있기 때문에 이 시기가 트루바두르 시의 준비기이자 다시 말하자면 배아가 형성된 시기라고 할 만하다. 그 증거들은 부족하지 않으며 혹은 최소한의 가설들은 논박의 여지없는 사실 위에 안착하고 있다.

무엇보다도, 만일 서정시가 11세기 동안에 크게 발전하지 못했다면 혹 우리에게 시가 단편적으로 몇 편만이 남아 있다면, 이미 앞에서 인용한 성 포이 다장(Saint Foy d'Agen)의 샹송과 보에스(Boèce)의 텍스트 주해시(詩)처럼 다양한 장르의 시들을 우리는 살고 있는 이 시대까지 보관했을 것이다. 특히 성 포이 다장의 시는 학자들에게 행복한 놀라움을 선사했는데 대표자격인 포세(Fauchet)가 16세기에 인용했던 이래로 그 존재 자체를 의심했었다. 그러나 몇 년 전부터 포르투갈 학자인 바스콘셀로스(M. Leite de vasconcellos)의 선견지명 덕분에 우연히 레이더 대학의 도서관을 샅샅이 뒤지게 되었던 것이다.[13]

<성 포이의 샹송>은 형식에서 고풍스런 특징을 지녔는데 우리에게는 온전히 오크어의 기원으로 거슬러 올라가게 만들었다. 운율론은 서정시와 관련이 없다 하더라도 서사시와 이야기체 시에서는 이미 눈에 띌 만큼 역작이다. 공부를 많이 한 학자들이 창작한 시(詩)임에 의심의 여지가 없다. 그러나 천 년경에 어쩌면 그 이전일 수도 있지만, 여전히 이 문제에 대해서는 논의가 끝나지 않았기 때문이다. 언어

---

13) 성 포이 다장의 시집은 바스콘셀로스(M. Leite de Vasconcellos)에 의해 로마니아에서 출간되었음. XXXI(1902), p.177과 이후.

는 민중의 단순한 감정을 표현하는 데 불가능했던 것일까? 우리가 좀 전에 인용한 두 편의 시 작품을 창작한 수도사들은 성 포이의 기적을 노래하고 보에스의 성격을 찬양하기 위해서 정반대로 그들의 일상어인 라틴어를 사용 안 하지 않았을까? 더욱 사실임직한 일은 만일 그들이 시에서 민중 어휘를 사용하고 두 편의 시에서 충분히 길이가 긴 시를 지나치게 서투르게 쓰지만 않았다면 트루바두르 시인의 주변에는 반드시 언어와 모든 유형의 시가 존재했을 것이다.

6. 최초의 트루바두르(troubadour)

거의 한 세기를 올라가자. 최초의 트루바두르로 알려진 기욤 드 푸와티에(Guillaume de Poitiers)의 초기 작품들을 검토해보자. 작품들은 대략 1100년경의 것이다. 우리는 여기서 가장 고상하고 가장 섬세한 감정을 표현하는 것이 가능한 시적 언어를 찾는다. 덧붙이자면 가장 민중적이고 가장 거친 감정이기도 했다. 특히 우리는 이미 경이롭게 훌륭한 기교에 주목한다. 시적 규칙이 존재했고 시에 있어서의 관례, 협약, 규범과 예술이라 부르는 특징 모두를 지니고 있었다. 하지만 최초의 트루바두르인 푸와티에 백작은 이 예술을 창조하지 않았다. 그는 이미 만들어진 규칙을 인정했을 뿐이다. 전통이 존재했음을 알 수 있다. 만일 이 전통이 11세기 동안에 형성되지 않았다면 적어도 그 전통의 발전은 있었을 것으로 추정된다. 초기의 이야기체 시들과 기욤 드 푸아티에가 창작한 시의 언어는 훨씬 부드러워졌고 이로써 민중시는 발전된 것이며 11세기 동안 성장했음을 보여준다. 우리에게는 이미 아주 아름답고 우아한 최초의 트루바두르와 더불어 이미 존재한 전통이 변화된 것으로 보이는 새로움과 신선미(美)로 인해 이 시의 기원을 인지할 수 있다.

따라서 우리가 정확하게 알지는 못하지만 우리가 보관하고 있는 반복 후렴구가 사용된 정황을 바탕으로 가설을 세워 재구성한 결과 11세기를 트루바두르 시의 가장 오래된 시기로 규정해야만 한다. 이와 관련하여 우리가 증명할 수 있는 가장 오래된 문헌에 의하면 초기 트루바두르들이 어쩌면 그들이 이 예술의 기원임을 스스로 의식했다는 점이다.

가스코뉴 출신의 트루바두르인 세르카몽(Cercamon)은 12세기 전반기에 살았는데 '고대 방식'이 가미된 전원시를 창작했다. 불행하게도 우리가 구체적으로 설명하고 있는 트루바두르들의 전기를 기록한 연대기 작가는 13세기에 살았는데 아마도 연대기 작가의 관점에서 '고대 방식'이라고 언급하여 기록했을 것으로 추정된다. 따라서 문헌자료는 우리가 트루바두르에게서 원하는 모든 가치를 담고 있지는 못하다. 그러나 염려할 필요는 없는 것이 설령 이 문헌에서 정황을 만들지 못한다 하더라도 있음직한 사실은 우리가 곧 드러낼 가설을 통해서 아주 많이 나타날 것이다.

7. 트루바두르 시에 나타난 귀족적 및 예술적인 특징

지금까지 이 시의 기원과 시가 우리에게 드러내는 것은 12세기 초기에 활동한 트루바두르들에 관한 것이며 이 시의 특징은 시가 창작된 초기부터 극도로 쇠퇴를 가져온 데카당스의 시기까지 꾸준히 유지했던 세련된 우아함이다. 본질적으로 볼 때 그 무엇보다도 이 시는 궁정의 시(詩)였으며 귀족다운 시였다. '궁정'이라는 용어에서 알 수 있는 바는 특별한 신분인 우아한 귀족계층이 만들어가는 궁정을 무대로 창작된 시라는 것이며 드물게는 귀족계층이 아닌 부르주아를 겨냥하기도 했으나 결코 민중을 위한 시는 아니었다.

시의 이러한 특징으로 유추할 수 있는 부분은 트루바두르가 살았던 시대의 사회적 상황과 그들이 속한 사회적 조건, 신분이다. 그들 중에 많은 사람들과 최초의 트루바두르인 기욤 같은 경우에는 푸아티에 백작임과 동시에 아키텐 공작인 것처럼 귀하고 높은 신분의 주군이었다. 트루바두르 중엔 왕들도 여럿 있었고 신분이 높은 인물들은 시에 관심을 쏟았으며 시인들을 보호하는 후원자가 되기도 했다. 그들 중의 몇몇 사람들은 비용(Villon)처럼 '비천한 신분'도 있었으므로 시를 인정하고 아끼는 주군의 보호와 후원이 필요했던 것이다. 위대한 주군의 보호는 그들을 비참한 삶에서 탈출시켰고 특혜를 주는 특별한 시대를 제외하고 시는 주군의 보호 없이는 절대 제대로 발전할 수 없었다. 중세는 시인에게 특혜를 주는 특별한 시대가 아니었다. 혹은 남프랑스가 그러했다면 그리고 트루바두르들이 일찍부터 신뢰와 존경을 받았더라면 그들은 주군의 보호에서 독립했을 것이다. 그러나 대개의 경우는 시인들이 독립하지 않은 대가로 그들의 시가 거의 절대적으로 귀족적인 특징을 지니게 된 원인이 된다.

그러나 그들이 당대 위대한 주군들의 사회인 다른 사회에 말을 걸 수 있었을까? 그들이 자신들의 사회적 배경을 초월하여 시를 향한 취향을 발견할 수 있었을까? 여전히 부르주아 계급은 귀족처럼 교양이 충분하지는 않았는데 적어도 우리가 다루는 이 시기의 초기는 분명 그랬다. 틀림없는 사실은 남프랑스의 도시에 살던 대다수 부르주아 계급은 자신들의 정치적 중요성이 급속도로 성장하고 있음을 보고 있었다. 특히 프로방스와 랑그독 지방에서는 영사의 직무와 이탈리아에서 융성하고 번영했던 비슷한 제도권의 모방자들이 12세기 말엽에 이르자 점점 더 많이 증가했다. 결국 부르주아들은 모든 남프랑스 대도시 전역에서 13세기에 이르러 그 찬란한 빛과 꽃을 피웠다. 부르주아 계급은 귀족의 권력에 맞서 자신들의 힘을 조련함으로써 최후를 맛보게 된다. 또 부르주아 계급은 귀족의 취향을 모방하고 습관을 추종했다. 우리는 13세기 동안 내내 프로방스 시에서 드러나는 변화의 흔적과 사회에서 떠오르고 실현되는 개혁의 이미지를 관찰할 수 있다. 그러나 이 시기에 서정시는 쇠퇴의 길로 접어들게 된다. 그럼에도 가장 빛이 났던 이 시기 동안에 서정시는 귀족적인 시만 남았고 다른 것일 수는 없었다.

우리는 문명의 역사를 통해서 궁정과 기사도 정신으로 발전한 당대 풍습과 습관을 이끄는 심오한 변화를 알아차렸다. 이러한 변화는 남프랑스 봉건사회에서 더욱 빠르고 더욱 완벽하게 진행되었다. 우리에게 남아 있는 '궁정의 정중함'이라는 우아한 이름으로 명명했던 높은 가치들이 어떤 이유에서 기이하게도 약화되었던 것인가? 그것을 설명하기에는 아주 쉬운 일만은 아니다. 어쩌면 귀족적이고도 예술적인 특징을 지닌 이 시대에서 이 지방은 더 활발하고 더 가벼우며 가장 활기찬 정신을 가지고 있었고 더 경쾌한 풍습이 있었으며 특히 더 폭넓고 더 쉬운 삶을 지향했을 것이다. 얼마든지 전제는 가능하다. 남프랑스 혹은 그리스와 이탈리아의 외국 역사가들이 지나치게 신봉하는 북쪽의 사람들에 대한 환상을 통해 남프랑스를 바라보는 시선과 사회분위기가 반드시 들어맞지만은 않았다.

확실한 사실은 프로방스 시의 초기 시작(詩作)부터 귀족계급의 생각과 관습을 반영했다는 점이다. 특히 사랑에 관한 개념에서 이러한 생각은 이전 시대와는 확연히 다른 것이며 중세 남프랑스 봉건사회가 북프랑스의 봉건사회보다 앞서 있었다. 당대 기사도에 관한 생각은 예전에 기독교가 그러했듯이 여성의 상황을 드높이는 데 기여했다. 여성은 대부분의 지방에서 기사도 정신에 의해 존경과 숭배의 대상이 되었다. 이러한 진보가 우선적으로 화려하게 출현한 곳이 남프랑스다. 트루바두르들은 궁정 연애 이론에 의해서 여성을 진정으로 찬양했다. 이 단어로 우리는 앞으로 연구할 이론을 검토할 때 지나치지 않을 것이며 결국 세속적인 사랑은 성모 마리아에 대한 공경 내에서 조금씩 모르는 사이에 변화를 품고 있었음을 알게 될 것이다. 진보는 규칙적이었으며 별다른 노력 없이 자연스럽게 태고적 개념에서 나온 것이었다.

트루바두르 시에 독창성을 부여하는 '궁정 연애'라는 주제를 전개해보자. 이것은 기사도 정신이 관통하는 모든 나라에 영향을 미쳤고 그 찬란함으로 수를 놓았다. 기나긴 세월에도 불구하고 여전히 살아남았다. 우리는 궁정 연애의 개념을 시대가 바뀌어도 변함없는 영원한 가치인 클래식이라 부를 수 있다. 저 유명한 질문은 하지 말자. 클래식이란 무엇인가? 만일 클래식이 변치 않는 영원한 진실의 완전한 형태로 표현되는 것이라고 그 의미를 축소한다면 옛 프로방스의 시는 그 이름을 받을 만하다. 형식에 있어서 어떤 서정시가 이보다 더 공을 들여 사랑 이상의 최고 가치로 연마할 수 있겠는가. 또 본질과 내용 측면에서 분석해도 시에서 표현되는 감정들은 관념화되고 고귀하며 언제나 인간의 심장, 사랑에 감명을 준다. 그렇다면 우리가 상상할 수 있듯이 과연 어떤 매력이 이 시에 존재하는 것인가?

도덕시(詩), 교훈시 혹은 풍자시는 '샹송'만큼이나 동일하게도 귀족적인 특징을 지녔다. 남프랑스의 서정시는 다시 여러 다양한 장르로 세분화된다. 주요한 장르는 다음과 같다. 궁정 연애를 찬양하는 데 할애하는 "샹송"과 북프랑스의 시에서 일컫는 "정치풍자시"(sirventés 혹은 serventois)가 있다. 정치풍자시는 윤리, 도덕의식 혹은 개인, 문학, 정치, 사회 풍자 모두를 표현했다. 트루바두르의 시는 이러한 모든 장르로 알려져 있으나 여전히 귀족사회의 산물로 보고 있다. 그러나 명예를 훼손하는 시편들도 이 시에서는 드물지 않았다. 그렇다면 위대한 주군은 트루바두르의 보호와 후원을 거절했던 것일까? '무척 예민한 시인'이 주군에게 행하는 보복은 개인 풍자의 형식으로 창작되었으며 거슬리고 경멸적인 표현도 서슴지 않았다. 우리에게 남아 있는 이 장르의 시들은 꽤 많은데 관습의 역사라는 차원에서는 호기심을 자극할 만한 참고 서적이 될 정도다.

8. 쇠퇴 및 연약함이 싹틈

불행하게도 이 시는 기원에서부터 쇠퇴와 연약함에 대한 싹이 텄었다. 이러한 시의 존재는 전개되는 환경에서 눈부신 사회 속으로 지나치게 내면 깊숙이 들어왔기 때문이다. 결과론적으로 보자면 풍속에서 행해진 가장 작은 변화 혹은 이 사회의 존재 상황으로 말미암아 시의 변화와 쇠퇴를 낳았음에 틀림없었다. 남프랑스 귀족은 많은 이유들로 인해 급속하게 그 세력이 약해졌었다. 주된 원인은 다음과 같다.

귀족으로서 십자군에 지나치게 공헌을 하였고 당대 부르주아 계급이 급성장하였으며 귀족의 풍속, 즉 끊임없이 펼쳐지는 향연과 기마시합의 남용 그리고 호사스러운 사치가 원인이었다. 특히 알비파 십자군 전쟁과 그 이후에 남프랑스 귀족이 감당해야 했던 패전의 결과가 저 멀리 툴루즈에서 론 강가에까지 이르렀기 때문이다. 이러한 사회적 배경으로 트루바두르들을 보호하고 후원했던 궁정들은 점점 더 드물어졌거나 이내 곧 완전히 사라졌음에 틀림없다. 13세기 말에 이르자 남프랑스 전역에는 극히 적은 수의 트루바두르만이 옛 전통을 유지하려고 애쓰고 있었다.

기사도의 쇠퇴와 함께 트루바두르들의 시도 쇠퇴의 길을 걷기 시작했다. 사실은 13세기 초부터 죽음을 향해 가기 시작했었다. 루아르 강 저편의 기사들과 알비파 십자군에 협력한 기사들은 프로방스의 시(詩)와 그 대표자들을 반대하는 증인이 되었다. 그들 가운데는 아모리 드 크라옹(Amauri de Craon), 로제 당델리(Roger d'Andeli), 장 드 브리엔느(Jean de Brienne), 티보 드 블라종(Thibaut de Blazon)처럼 북프랑스의 오일어로 시를 창작하는 시인들이 있었다. 또 사람들은 이러한 사실에서 시인이며 기사인 그들이 북프랑스에서 먼저 출현한 전원시를 남프랑스에 도입하기 위하여 전쟁을 이용했을 것이라는 자극적인 결론을 원하기도 했다. 사람들은 그들이 경험한 십자군이 시에 있어서의 십자군에게 조금도 영향을 미치지 않았다고 답하기는 어려웠다.[14]

시의 쇠퇴에 일익을 담당한 중요한 관점으로 우리는 종교재판소의 설립을 지적한다. 이 예외적인 재판소는 남프랑스의 주요한 곳에 세워졌는데 무엇보다도 툴루즈와 나르본에 설립되었다. 또 성 도미니크 (saint Dominique)는 13세기 전반기부터 프루이(Prouilhe) 수도원을 창설했고 중세 신자의 열렬한 열망으로 인해 이교도와의 전투에 참가했었다. 어쨌든 적어도 초기에는 세속적인 시가 박해를 받았다고 보이

---

14) Cf. Jeanroy, 『기원(Origines)』, 1re partie, chap. I.

지는 않는다. 그러나 교회는 종교적인 것을 다루는 것에 라틴어가 아닌 민중어로 된 저서들을 금지했다.

우리는 그럼에도 불구하고 민중들에게 널리 알려진 이 장르에 관한 저서들이 있었다는 가공할 만한 위험을 상상할 수 있을 것이다. 또 우리는 몇몇 트루바두르들이 외국으로 다른 후원자를 찾으러 다니기 위해 그리고 종교재판에 대한 두려움으로 인해 고국을 떠나 망명했다는 사실을 이해할 수 있다. 그러나 어떠한 공식적인 서류도 종교재판소가 트루바두르들을 이교도와 공범으로 기소했다는 사실을 믿게 만들지는 못한다.

그럼에도 불구하고 종교재판소의 설립과 성 도미니크에 의한 도미니크 수도회의 창설 그리고 13세기 동안에 만들어진 수많은 종교 수도회가 사회에서의 민감한 변화를 야기했다는 점은 분명해 보인다. 종교 특히 정교회에 대한 취향은 다시 되살아나서 복원되었다. 사람들은 이제 더 이상 세속적인 시에 관심을 갖지 않았다. 이전 시기의 시에 혼을 불어넣고 선동하는 이교도를 더 이상 이해하지 않았다.

쇠퇴기에 활동한 두 명의 트루바두르는 우리에게 이러한 사실을 고백하고 증인이 되었는데 드문 경우라 할지라도 소중한 것이다. 교회의 사람들에 따르면 시는 죄, 과오이다. 이러한 고백은 종교의 특징을 나타낸다. 삶과 시에 관한 새로운 개념이자 관념의 표시이며 징후이기 때문이다. 이러한 의미에서 종교 정신이 발전되었으며 새로운 사상의 전개가 이루어져 옛 시의 쇠퇴는 앞당겼다고 말할 수 있을 것이다.

9. 역사에 대한 간략한 개요

따라서 이 시에 대한 역사는 간략하다. 그 생명은 짧았고 신에게 사랑받는 사람들처럼 젊어서 죽었다는 점이다. 첫 주자인 디에즈 (Diez)는 그 역사를 세 개의 커다란 시기로 구분 지었다. 하나는 전개, 하나는 황금의 전성기 그리고 쇠퇴, 데카당스의 시기가 그것이다. 그에 따르면 첫 번째 시기는 1090년에서 1140년까지이고, 두 번째 시기는 1140년에서 1250년까지이며, 세 번째 시기는 1250년에서 1292년까지이다. 이 시기들에 대한 날짜는 그 어떤 절대적인 것도 없다. 그러나 일반적인 방식으로 볼 때 어느 정도 경계를 정할 수 있을 정도다.

디에즈에 의하면 1140년에서 1250년까지는 프로방스 시가 가장 화려하게 개화한 시기이다. 만일 분류와 세분화에 대한 취향이 있다면 사상 위대한 트루바두르들은 12세기 말에 속해 있고 13세기 초부터 이미 민감하게 쇠퇴의 싹이 트고 있었음을 쉽사리 보여줄 수 있을 것이다. 그러나 쓸데없는 구별이 좋은 것을 일으켜 세울 수 있을까? 문학사의 시기는 특히 중세는 엄정하고 정확하게 그 경계를 정할 수는 없다. 따라서 일반적인 방식에 따라 트루바두르들의 시에 관한 최초의 역사가가 정한 고정된 날짜들을 존중하기로 하자.

우리는 본 장에서 프로방스 시의 역사를 간략하게 훑어보는 관점을 멈출 수 있을 것이다. 그러나 서론적 성격을 마치기 위해 이 시기에 창작된 오일어로 된 시에 관한 간단한 엿보기와 통찰에 관심이 없지는 않다. 남프랑스의 오크어와 북프랑스의 오일어로 된 시의 이러한 비교는 프로방스 시의 독창성과 관련된 것이며 또한 오크어로 된 문학에서 주목할 만한 중대한 간극, 결함을 보여줄 것이다.

10. 큰 구획 틀

널리 알려진 기원에 따르면 트루바두르들의 시는 거의 롤랑의 노래(Chanson de Roland)와 동시대적이다. 찬란한 그 시기는 프랑스 서사시의 시기와 똑같이 화려했던 시기다. 12세기 말에 남프랑스는 가장 화려하게 빛났던 시기이고 북프랑스에서는 이야기처럼 서술하는 시(詩)와 궁정시가 탄생했던 시기이다. 트루바두르들의 시는 12세기 말경에 샹파뉴 출신의 위대한 시인인 크레티앵 드 트루아(Chrétien de Troyes)의 모험 소설과 일맥상통한다. 바로 금발의 이죄(Iseut), 에렉(Erec), 에니드(Enide), 리옹의 기사, 락(Lac)의 랑슬로와 웨일스사람 파르스발(Parceval)을 노래한 그 시기이기도 하다.

또한 이 시기는 가스통 파리스(Gaston Paris)가 '프로방스'학파라 부르는 서정시의 최초 기념비적인 작품들을 세우는 시기이기도 하다. 마리 드 샹파뉴(Marie de Champagne)를 향한 크레티앵 드 트루아에 의해 창작된 사랑의 어떤 샹송들은 초기작품들 중에서 이 학파와 관련이 있다. 코농 드 베튄느(Conon de Béthune), 기 드 구치(Gui de Couci), 장 드 브리엔(Jean de Brienne), 가스 브륄레(Gace Brulé)의 샹송은 약간 후대의 것이다. 13세기 초에 오일어로 창작된 서정시는 완전히 찬란하게 드러난다.

이러한 문학적 풍토는 곧 머지않아 귀족들에게로 전가되는데 남프랑스 궁정에서 그랬던 것과 같이 조금씩 입지가 확장되는 부르주아가 탄생되는 환경이 도래한다. 아라스(Arras)의 부르주아 학파는 그 시대 가장 눈에 띄는 시인들을 배출했다. 대신 서사시는 모험소설과 중편소설에 그 자리를 양도했다. 그러나 남프랑스 문학사 견지로서는 쇠퇴와 죽음과 프랑스 문학에서의 새로운 장르 탄생이 13세기 이 모든 시기 동안에 이루어졌다는 점에 주목할 수 있다. 바로 삶과 생기로 가득 찼던 것이다. 우의적인 시가 시작되었고 풍자시와 극(劇)시 그리고 역사가 시작되었다. 이토록 다양한 수많은 장르는 13세기에 그 기원을 보여주고 있고 화려한 개화의 조짐이 있었다. 동일한 시기에 남프랑스 문학은 쇄신할 수 없었기 때문에 죽었던 것이다.

남프랑스 문학의 기원이 민중적이라는 점을 기억한다면 쇄신할 수 없었다는 말은 맞는 표현일 것이다. 이내 남프랑스 문학은 모든 문학 장르에서 새로운 삶과 행복하게 변모하기 위한 풍부한 원천을 회복했을 것이다. 그러나 이 머나먼 민중적인 기원에 대한 기억은 오래전부터 잃어버린 것이 사실이다. 특히 쇠퇴의 시기 동안에는 기원에 관한 어떠한 노력과 시도도 하지 않았다.

이 귀족계급의 시는 더욱 두드러지게 소멸되어 가는 듯했다. 특히 마지막 시기 동안에는 내용의 독창성보다는 형식의 어려움이 발견되었다. 이미 낡고 죽어가는 것을 세련되게 꾸미기 위해 어휘와 각운 그리고 운율에 재주를 부리며 모든 오래된 문학에 대한 명예와 존중으로 형식에서의 유치한 기교로 귀착되었다. 무엇보다도 살아날 수 없었다.

11. 오일어(la langue d'oïl)[15]로 된 시와의 비교

우리가 오일어로 된 문학을 거론하면서 열거할 주요 장르들은 생소한 정체불명의 것일까? 어떤 것들은 그렇다고 할 수도 있다. 서사시와 관련해서는 그러한 의문이 논쟁이 되는 것이 사실이고 포리엘(Fauriel)에 의해 확신으로 가득 차서 찬연히 그 문제는 해결되었다. 무엇보다도 사라센 침입의 고통을 겪은 기억을 간직하고 있는 남프랑스와 같은 지역에서는 충분히 개연성이 있었다. 한편 서정시가 찬란했던 것은 그 기원에서부터 서사적인 방식을 시(詩)로 창작하는 종글뢰르들을 소홀히 대하지 않았던 장점을 전제로 한다. 특히 『롤랑의 노래』와 기욤 도랑주(Guillaume d'Orange)가 쓴 훌륭한 무훈시, 『나르본의 에므리(Aimeri de Narbonne)』와 『에므리의 죽음(Mort d'Aimeri)』의 샹송들과 그렇지 않으면 사라센에 대항하여 수행한 무훈 이야기일까? 이 시들은 침략으로 가장 고통을 겪은 나라에서 창작되지 않고

---

15) 로망어 계열의 언어로 중세에 골(프랑스) 북쪽과 벨기에 남쪽 및 앵글로-노르망디 섬(노르망디 공작 영지)에서 사용되었으며 남프랑스의 오크어와 대비되고 있음_옮긴이.

노래로 만들어진 서사시의 선행 형태는 아닐까? 비슷한 가설은 조금도 터무니없는 것은 아니다. 그러한 가설은 있음직하고 심지어 그 주장을 확신하는 지지자를 찾을 수도 있다.

만일 추종자나 아첨꾼이 남프랑스에 대한 자부심으로 오일어를 사용하는 형제들에게 서사시와 함께 서정시를 제공한 것이라면 이러한 가설은 어떠한 사실도 확언할 수 없기 때문에 가설로 남겨둬야 할 것이다. 반면 프랑스 서사시의 기원에 관한 연구는 더욱 호의적이지 않은 것 같다. 남프랑스 문학은 북프랑스에서 찬란하게 개화된 서사시와 비교할 만한 것이 많지 않기 때문이다. 만약 『제라르 드 루시용(Gérart de Roussillon)』의 아름다운 서사시가 남프랑스에서 나온 것이 아니라면 『십자군의 노래(Chanson de la Croisade)』야말로 서사시에 있어 남프랑스 시인들의 놀랄 만한 능력과 재능의 증거가 될 수 있을 것이다.

극(劇)시도 비슷한 상황일까? 관련 문헌 자료가 꽤 드문 편이다. 그것은 애석한 일인데 일찍부터 극적인 표현이 남프랑스 국민들에게는 편애의 대상이 되었기 때문으로 추정된다. 우리는 몇 편의 옛 원고만을 가지고 있으므로 그 역사를 기술하기에는 프랑스 원본을 모방한 것과 완전히 새로운 문헌에 의존해야 하기에 한정적인 편이다. 따라서 오크어로 창작된 극시의 독창성에 관한 문제는 증명하기가 꽤 힘들다 할 수 있다.

다른 장르들은 프랑스에서 나타난 것처럼 거의 남프랑스의 문학에서도 출현했다. 그러나 전반기에는 불완전하게 전개되었다. 쇠퇴가 지나치게 빨리 도래했기 때문에 열등의식이 있었음은 명확해 보인다.

결론적으로 남프랑스 오크어로 창작된 문학은 서정시 장르에서만 우위를 점하고 있다. 서정시는 무엇보다 빼어나며 우수한 장르로 평가받는다. 서정시의 가치와 역사적인 중요성이 바로 여기에 있는 것이다. 시 자체만으로 찬사를 받고 취향의 이유가 아니라 하더라도 만약 진정한 시(詩)가 선사하는 감정을 아는 사람에게 느낌을 줄 수 없다면 무엇보다도 시는 학문의 대상으로만 남아 있었을 것이다. 비교문학사(史)에서의 중요한 요지는 어느 쪽이 더 지배적인가 하는 부분이 결코 아니다. 만약 문학의 중요성이 다른 많은 인문적인 분야처럼 내재되어 있는 본질적인 가치와 문학이 수행한 영향을 평가해야 하는 것이라면 더더욱 아니다.

트루바두르의 사회적 신분.
전설과 현실. 트루바두르와
종글뢰르(Jongleurs)[1]

우리는 12세기와 13세기에 400여 명의 트루바두르가 쓴 시를 가지고 있다. 또 우리는 작품이 보존되어 있는 70명의 시인 명단을 알고 있다. 이러한 수치는 상기 두 세기 동안을 지배했던 시적 활동을 말해주고 있는 것이다. 그러나 이 시기에는 이러한 유산 이외에도 돌이킬 수 없는 손실을 감수해야 했다.

트루바두르의 시는 12세기와 13세기부터 선집(選集)에 수집되어 있었다. 그 사화집(詞華集) 가운데 얼마나 많은 시들이 머나먼 시대 이래로 사라져버렸을까? 경건하고 명민한 학자들은 16세기와 특히 17세기, 18세기 학자들이 서명한 필사본의 흔적을 뒤따랐다.[2] 그러나 그들의 노력은 언제나 승리의 월계관을 쓰지는 않았다. 때때로 행복한 우연이 프로방스를 사랑하는 애호가들에게 도움을 가져다주곤 했다.

40여 년 전에 폴 메예(M. Paul Meyer)는 최후의 트루바두르 역사에

---

2) Cf. 특히 샤바노의 『잃어버리거나 흩어진 필사본에 대한 주석(Notes sur quelques manuscrits provençaux égarés ou perdus)』, Paris, 1886.

가장 중요한 필사본을 엮어 출간했다. 학자이자 발행인의 시적 성찰을 뒤따랐으며 '프로방스의 대지'는 '오래된 필사본이라 미미했다.' 결국 올리브 나무 아래에 파묻어 여러 해[3]를 머물렀던 것이다. 더 최근에는 피렌체에서 가장 방문객이 많은 도서관 중의 한 곳에서 한 이탈리아 학자가 다른 필사본을 발견했고 그때까지 알려지지 않은 트루바두르 20여 명 이상의 이름이 바깥으로 나와 햇빛을 볼 수 있었다.[4] 그러나 이 우연은 상당히 드문 경우이고 수많은 이름이 인정을 받기까지에는 체념해야 했고 심지어 영원히 잃어버리기도 했다.

---

3) Paul Meyer, 『프로방스의 최후 트루바두르들(Les derniers Troubadours de la Provence)』, Paris, 1871.

4) G. Bertoni, *I trovatori minori di Genova*, Dresde, 1903. Id., *Nuove rime di Sordello di Goïto*, Turin, 1901(Extrait du Giornale Storico della letteratura italiana).

1. 귀족 및 부르주아 출신의 트루바두르(troubadours)

우리에게 남아 있는 문헌은 모든 사회적 신분과 계급을 지닌 트루바두르로부터 나온 자료이다. 그중 가장 잘 알려진 것은 '고귀한 집안'의 인물인 푸와티에의 기욤, 즉 아키텐의 공작이다. 가장 오래된 트루바두르들 가운데에는 또 다른 귀족 출신의 시인들이 있었다. 가령 조프르 뤼델(Jaufre Rudel)이 있는데 그는 '머나먼 공주'에게 반했었다. 페트라르카의 표현을 따르자면 '죽음을 각오하고 노와 돛을 사용했던' 인물이며 블라예(Blaye)의 왕자였다. 다섯 명의 왕은 프로방스의 시에 영향을 끼쳤는데 그들의 공로가 가장 뛰어난 것은 아니었다는 점과 그들의 주제가 주목받았다는 점은 사실이다.

트루바두르들의 명단은 여전히 10명의 백작과 5명의 후작 그리고 같은 수의 자작이 있다. 그들 중에 베르트랑 드 본(Bertran de Born)이 있다. 다른 귀족들로는 남작 혹은 부유한 기사 권력에서 나왔다. 반면 다수의 귀족 출신 트루바두르는 시(詩)를 위해 무기와 군인의 직무를 끝내 버리고야 말았던 행운이 없던 기사였다.5)

그러나 오로지 고위 계층에서만 시적 소명을 꽃피웠던 것은 아니다. 가장 오래되고 가장 원형이라 할 수 있는 트루바두르들 중의 한 명은 가스코뉴 출신의 마르카브륑(Marcabrun)이 있는데 그는 사생아였다. 또 가장 우아한 트루바두르들 중의 한 명인 리무쟁 사람인 베르나르 드 반타두르(Bernard de Ventadour)는 반타두르 성에 기거한 하인의 아들이었다. 주군들 자신이 시인인 경우는 프로방스 시가 출현한 이래로 트루바두르들을 위해 타고난 보호자 겸 후원자였다. 프로방스 전기에 따르면 지로 드 보르넬(Giraut de Bornelh)의 삶은 비천한 출신임에도 상당히 이룩한 것이 많았다. 같은 출신으로는 틀림없이 최후의 트루바두르로 기록될 기로 리키에 드 나르본(Guiraut Riquier de Narbonne)이 있다.

귀족 이외에 다른 트루바두르들은 최하급 계층이 아니라 무엇보다도 성직자 신분이 많았다. 프로방스 전기는 우리에게 트루바두르 직업을 위해 성직자 직무를 버리고 '세상의 기쁨에 열중해본' 인간의 세월에 도달하는 사람을 이야기하고 있다. 여러 사람들이 박해의 길을 뒤따라 간 것은 사실이다. 베르트랑 드 보른(Bertran de Born)의 경우는 군대와 시에 헌신한 삶을 살았는데 세상에 알려지지 않은 채 결국 다롱(Dalon) 수도원에서 속세와 단절되고 파묻혀서 생을 마쳤다.

---

5) Cf. A. Stimming in Grœber, *Grundriss der romanischen Philologie*, II, A, p.19. 세부적인 부분은 이 저서의 요약본에서 차용함.

또 부유한 상인의 아들인 마르세유의 트루바두르인 폴케(Folquet)는 시적 활동 경력 이후에 세상을 등진 채 규율 속으로 들어가 버렸고 끝내 툴루즈의 주교가 되었다. 그는 이 새로운 직업인 주교가 되자 알비파에 대항하여 열성적으로 활동하였으며 그 결과 교회가 그를 시성하였고 주목받아 이름을 떨치게 되어 유명해졌다. 반세기가 지난 후에 클레망 4세(Clément IV)라는 이름으로 교황이 된 트루바두르인 기 폴케이(Gui Folqueys)는 자신의 시를 암송하는 사람에게 100일의 면죄부를 부여했다. 우리는 이것이 성모 마리아에게 기도하는 것과 관련이 있는 것임을 서둘러 말하고자 한다.

트루바두르들의 시에 관한 교회의 감정은 시간이 흘러감에 따라 다양한 듯 보이고 또 아마도 인간에 대한 감정도 그러한 듯하다. 트루바두르의 귀족 가문과 브리우드(Brioude) 교회에 속해 있던 기 뒤셀(Gui d'Ussel)은 세속 시를 중단하라는 교황 특사로 그 임무를 맹세했음에 틀림없다. 반면 몽토동(Montaudon) 수도사는 수도원 내부에서 시에 전념할 수 있도록 윗분의 허락을 받았다. 또 샹송을 암송하고 이웃나라의 성을 방문하는 데 허락도 받았다. 오로지 그가 해야 하는 책무는 출석자들을 수도원에 보고하는 것뿐이었다.

우리는 트루바두르들 중에서 16명의 성직자를 셀 수 있었다. 그들 중 2명은 주교이고 대부분은 교회참사회원(參事會員)이었다. 세속적인 관점에서 볼 때 더욱 세속적인 것조차도, 즉 이기는 것과 명예란 그들 사이에서는 마그론(Maguelone)의 교회참사회원이 되는 것이고 또 라블레(Rabelais)의 가장 빠른 조상들의 수를 셀 수 있는 도드 드 프라드(Daude de Prades)에 속하는 것이었다. 그는 13세기에 살았는데 시적 활동에 있어 고위 성직자들의 방해를 받은 것 같지는 않았다.

결국 부르주아 계급 역시 많은 트루바두르를 배출했다. 부르주아 중에서도 상인의 아들은 트루바두르가 드물었다. 베니스 출신의 바르톨로메 조르지(Bartolomé Zorzi)는 상인이었다. 페리고르 태생의 엘리아 케렐(Élias Cairel)은 값비싼 금속 조각가였다. 아르노 드 마뢰이와 여러 다른 트루바두르들은 공증인이었다. 따라서 사회의 모든 계층은 트루바두르라는 이 낯선 세계에서 자신의 진가를 드러냈다. 귀족의 아들과 부르주아의 아들 혹은 소박한 거지의 아들은 시를 향한 같은 사랑으로 신분의 차이를 초월한 채 그들을 가까워지게 했다.

2. 프로방스[6] 여류 시인들

시(詩) 왕관에 가장 귀중한 것을 놓쳐서는 안 될 것이다. 바로 우리가 여성들을 이 시작(詩作)의 영광스러운 작업에 추가해야 할 것이다. 우리는 17명의 여류 시인을 들 수 있다. 그들 중에 우아한 디(Die) 백작부인인 베아트리스(Béatrice)의 샹송을 통해 우리는 오랑주의 백작이자 트루바두르인 랭보(Raimbaut)와 함께한 사랑의 소설을 만나게 되었다. 에블르 4세(Èbles Ⅳ)의 부인인 마리 드 반타두르(Marie de Ventadour)는 시적 아름다움을 익히 알았다. 그녀는 시를 창작하고 다른 귀부인들과 함께 사랑의 궤변에 관한 질문을 평가하는 재판관으로 선정되었다.[7]

어떤 가정에서는 두 배우자 모두 시인인 경우도 있었다. 우리는 적

---

6) 프랑스 남동부 지역을 지칭하며 서쪽으로는 론 강 동쪽으로는 이탈리아, 남쪽으로는 지중해를 마주하고 있고 고대부터 로마의 속주로서 영향을 받은 나르본 골을 포함하고 있음_옮긴이.

7) O. Schultz(-Gora), *Die provenzalischen Dichterinnen*, Leipzig, 1888.

어도 이런 결합의 사례를 두 건 알고 있다.8) 때로는 리무쟁에 사는 위셀(Ussel)의 대저택 가정처럼 트루바두르의 진정한 왕조를 형성하는 가문도 있었다. "전기에 따르면 기 뒤셀은 대저택을 소유한 주군으로 형제들 중 한 명은 에블르(Ébles)이고 다른 형제는 피에르이며 사촌은 엘리(Élie)인데 네 명 모두가 트루바두르였다. 기는 좋은 샹송을 추구했고 엘리는 좋은 논쟁시를 에블르는 나쁜 시들에 몰두했다. (즉, 다시 말해 구별이 아주 명백하게 보이지는 않는다. 아마도 '나쁜 논쟁시'란 때론 존재하는 거친 논쟁시를 지칭한다) 피에르는 사촌과 형제들이 창작하는 모든 시를 노래하였다. 기는 브리우드(Brioude)와 몽페랑(Montferran)의 교회참사회원이었다……" 우리가 기억하는 것은 교황 특사는 세속시를 거부한다고 단언해버리고 판단했다는 점이다.

우리는 빠르게 개요를 살펴보면서 얼마나 트루바두르의 태생적 배경과 사회적 환경이 다양한지를 보게 되었다. 그들 중에는 요람에서부터 시를 접하게 된 행운을 가진 이가 있었고 동시에 보잘 것 없는 빈한한 출신으로 세상을 통하여 재능을 실현해볼 다른 원천은 없었지만 이상과 꿈을 갖고 열중한 이도 있었다. 또 그들 대부분은 대단한 여행가들이었다.

우리는 그들이 동방의 나라들을 가고 몇몇은 루아르 강 저편을 가서 노르망디에 체류한 경우를 보는데 베르나르 드 반타두르와 베르트랑 드 보른이 그 주인공이다. 다른 이들은 샹파뉴 백작의 궁정에서

---

8) 레몽 드 미라발(Raimon de Miraval)과 배우자인 고데렝카(Gaudairenca); Hugolin de Forcalquier et Blanchemain(A. Stimming, 1. s., p.19).

살았던 것으로 보이는데 가장 오래된 이들 중 한 명은 마르카브룅 (Marcabrun)과 어쩌면 리고 드 바르베지외(Rigaut de Barbezieux)일 것으로 추정된다.

3. 트루바두르의 후원자

남프랑스와 이베리아 반도 그리고 북이탈리아는 트루바두르들이
특히 좋아하는 지역이었다. 그곳에서는 트루바두르를 보호하고 권력
이 있으면서 너그러운 후원자를 찾을 수 있었기 때문이다. 이탈리아
에서는 몽페라(Montferrat) 후작과 트레비즈(Trévise) 변방에 있는 에스
트(Este) 후작 그리고 프레데릭 2세(Frédéric Ⅱ) 황제가 있었다. 에스파
니아에서는 카스티야(Castille)와 아라곤(Aragon) 왕들의 궁정에 트루바
두르들이 떼를 지어 모여들었는데 특히 콘키스타도르9) 자므(Jacme le
Conquistador)와 학자인 알퐁스 10세(Alfonse X) 왕의 궁정이 그랬다. 프
랑스에서는 가장 알려진 이들 중에서 트루바두르의 보호자 몇 명만
을 인용하는 것으로도 충분하다. 그 보호자들은 툴루즈와 프로방스의
백작들과 마르세유의 자작들, 몽펠리에 군주들, 베지에의 자작들, 나
르본의 자작들, 로데즈의 백작들 그리고 아스타락의 백작들이 있었

---

9) 정복자란 뜻으로 16세기 초 멕시코, 페루를 정복한 에스파니아인들에 대한 호칭_옮긴이.

다. 권력이 있는 후원자들 중에 당시 프랑스에 살았던 영국 왕들을 추가해야 하는데 쿠르 망텔(Court-Mantel)의 앙리(Henri)와 특히 사자 심장 왕 리샤르(Richard Cœur de Lion)는 자신 역시 시인이기도 했고 아르노 다니엘(Arnaut Daniel), 페르 비달(Peire Vidal)과 마르세유의 폴케(Folquet)의 후원자였다.[10]

트루바두르들의 역사에 관한 짧은 관찰은 우리에게 사회의 전 계층에서 시에 대한 사랑이 충만했으며 시인들이 누리는 은혜가 얼마나 열렬했는지를 알게 해준다. 그들의 일대기에 관한 간략한 연구는 이러한 인상을 재확인시켜줄 것이다. 어쩌면 시가 결코 그만큼의 영감과 헌신을 야기하지는 않았을 것이다.

---

10) 트루바두르의 보호자에 관해서는 다음을 참조할 것. Paul Meyer, 『프로방스어와 문학(Provençal language and litterature)』, 『대영백과사전(Encyclopedia britannica)』과 디에즈가 수집한 목록, *Leben und Werke*, 2e éd., p.497. Cf. aussi Restori, Lett. prov., pp.77-79.

4. 그들의 일대기에 대한 원전, 출처

트루바두르의 일대기에 관한 주요 원전은 존재한다. 하나는 가장 오래된 것이고 나머지 하나는 앞의 것보다는 후대의 것이다.

트루바두르들의 일대기에 대한 가장 오래된 원전은 13세기 중반에 여러 연대기 작가들이 작성한 프로방스 연대기 집에서 그 출처를 찾을 수 있다.

우리는 그들 중에 두 명의 이름을 알고 있다. 그러나 가장 중요한 부분은 무명씨라는 것이다. 그들이 쓴 이야기에 서명을 했던 이들 중의 한 명만 이름을 기록해야만 했다면 반드시 짚고 넘어가야 할 문제다. 작가가 누구든지 간에 우리는 시적 느낌과 역사적인 느낌을 갖기 이전에 트루바두르 그가 누구인지를 알아야만 할 것이다. 또 연대기 작가들은 트루바두르들의 전설적인 삶을 이야기하고 있는데 어쩌면 작가가 활동한 시대는 동시대가 아니라 이미 전설로만 트루바두르의 인생을 알고 있었고 또 그 점이 가장 흥미로운 일화 중에 선택된 것이 아닌가로 추정된다.

만약 이야기가 역사적인 관점에서 더 수상한 혐의를 받고 있다면 만약 트루바두르들의 삶을 시인으로서만 썼더라면, 그의 작품은 '문학의 역사뿐만 아니라 특히 중세 남프랑스 사회의 역사를 위해 제일 중요한 문헌'이 될 것이다.[11] 이러한 이유로 일대기는 여기에서 검토되어야 할 가치가 있는 것이다. 우리에게 트루바두르들이 살았던 사회 환경을 알게 해주기 때문이다. 일대기에 접근하기 이전에 대부분은 사실이라기보다는 무명의 작가들이 반영한 트루바두르들의 동시대 정신 속에서 탄생한 전설들일 것이다.

11) Chabaneau, 『트루바두르의 전기, 일대기(Biographies des Troubadours)』.

5. 노스트라다무스(Nostradamus)[12]

후대의 원전 출처가 바로 그 유명한 제앙 드 노트르담(Jehan de Notredame)으로 노스트라다무스(Nostradamus)라는 이름으로 더 잘 알려져 있다. 그는 16세기 말에 엑상 프로방스 제후 회의에서 왕의 대리인 역할을 했고 가장 과감한 스타일의 문학적인 기만인이었다. 그는 프로방스 옛 시를 매우 잘 알았고 우리가 더 이상 소유하고 있지 않은 귀중한 문헌들을 마음대로 사용할 수 있었다. 또 그는 프로방스 연구에 유용할 수 있었고 굉장한 동정심을 가진 인물이었다. 그는 상상력과 환상을 암시하여 정확한 사건들을 혼합하면서 트루바두르들의 전설적인 삶을 창조하길 즐겨했다. 그는 이와 관련하여 정확한 정보를 끄집어냈는데 '황금 섬 수사'(Moine des d'Or)라는 예쁜 이름으로 불리는 레헹(Lérins) 섬에 있는 성 오노하(Saint-Honorat) 수도원에서 15

---

12) 중세 프랑스어 표기인 Jehan de Notredame은 장 드 노스트르담(Jean de Nostredame: 1507~1577)을 지칭하는데 16세기 후반 엑상프로방스 고등법원의 검사장이자 시인이며 작품으로는 『유명인사들과 프로방스 시인들의 삶』과 『프로방스 연대기』가 있음_옮긴이.

세기 초에 죽은 학자인 수사의 필사본을 주장하기도 했다. 하지만 그 것은 신화였다. 사람들은 이 속임수를 오랫동안 믿어왔다. 의심을 품 은 것이 불과 지난 세기였다. 그리고 결국 최근에서야 불가사의한 이 수수께끼를 알게 해준 프로방스 학자인 샤바노(Chabaneau)가 있다. 바 로 황금 섬 수사는 노스트라다무스의 친구 이름을 글자 바꾸기 한 전 철어(轉綴語)일 뿐이었다.[13] 이러한 언어적 미학은 그의 이야기에 등 장하는 주요 원천이었다. 사람들은 그것을 통해 다른 것을 판단한다. 바로 아름다운 기만과 문학적 농담 그리고 허풍이었다. 그의 이런 스 타일은 지나치게 꽤 성공적이었다. 노스트라다무스의 발견은 그의 지 속된 삶의 방식이었고 그의 형인 예언자 미셸 드 노스트르담(Michel de Nostredame)의 '백인대'(Centuries)만큼이었다.

'가장 오래되고 가장 저명한 프로방스 시인들'의 삶에 대한 의심스 런 그의 책은 일단 옆으로 두자. 그것은 거짓말의 진실을 분별하기에 는 지나치게 미묘한 작업이기 때문이다.

---

13) 장 드 노스트르담, 『고대 프로방스 시인들과 유명인들의 삶(Vies des plus célébres et anciens poètes provençaux)』, Lyon, 1575. 샤바노는 수년전부터 이 저서의 재판을 준비하고 있으며 곧 출간될 것임. Cf. 샤바노, 『황금섬의 수사(Le Moine des Iles d'or)』, ANNALES DU MIDI, 1907.

6. 베르나르 드 반타두르(Bernard de Ventadour),[14] 기옘 드 카페스탕(Guillem de Capestang),[15] 조프르 뤼델(Jaufre Rudel),[16] 페르 비달(Peire Vidal),[17] 기옘 드 라 투르(Guillem de la Tour),[18] 지로 드 보르넬(Giraut de Bornelh)[19]의 일대기

베르나르 드 반타두르(Bernard de Ventadour)

우리가 알고 있는 작가의 드문 전기 한 편으로 시작해보자. 바로

---

14) 1125년 반타두르에서 출생하여 1200년 다롱 수도원에서 사망하였으며 가장 저명한 트루바두르 중의 한 명으로 손꼽히고 있음_옮긴이.

15) 루시옹 출신의 트루바두르로서 12세기에 출생하여 13세기에 사망한 것으로 알려져 있음_옮긴이.

16) 1113년 블라이(프랑스 남서부 아키텐 지방 지롱드 근처)에서 출생하여 1170년에 사망한 오크어로 시를 쓴 아키텐의 트루바두르임_옮긴이.

17) 12세기 후반에 출생히여 13세기 초에 사망한 것으로 추정되며 1205년경을 끝으로 흔적이 사라짐_옮긴이.

18) 시인으로서 활동한 기간이 1216년에서 1233년경이며 프랑스 페리고르 출신으로 주로 북이탈리아에서 활동함_옮긴이.

19) 1138년에 출생하여 1215년에 사망한 트루바두르이며 '트루바두르들의 스승'이라는 별칭이 있음_옮긴이.

베르나르 드 반타두르의 일대기인데 13세기 전반기에 트루바두르인 위 드 생-시르(Uc de Saint-Cyr)가 집필했다. 다른 전기들과 구별되는 점은 그 작가가 베르나르의 스승이자 후원자이며 시인이기도 했던 에블르 2세(Èbles)의 직계후손인 에블르 4세 반타두르 자작에게서 관련 자료들을 수집했다는 점이다.

"반타두르는 리무쟁에 있는 반타두르 성 출신이다. 가난한 태생으로 성에서 아궁이에 불을 지피던 하인의 아들이었다. 그는 미남이었고 재주가 있었으며 노래를 잘 부르고 자신을 발견할 줄도 알았다. 또 정중하고 유식했다. 그의 주군인 자작은 반타두르의 뛰어난 시적 재능 때문에 애정을 많이 쏟았고 존중했다. 자작은 사랑스럽고 밝은 성격의 부인을 두었는데 그녀는 베르나르의 샹송에 매우 흥미가 있었다. 그녀는 그에게 반했고 그도 그녀에게 반했으니...... 오랫동안 그들의 사랑은 지속되었다. 자작과 동료들이 그 사실을 눈치 채기 전까지 말이다. 자작이 그 사실을 알게 되었을 때 그는 시인을 멀리 내쫓고 부인을 가혹하게 감금하고 가두었다. 그녀는 베르나르와 이별하면서 이 나라를 떠나라고 말했다. 그는 떠났는데 젊고 굉장한 장점이 있는 노르망디의 공작부인을 향해 가버렸다." 베르나르 드 반타두르는 그녀로부터 굉장한 환대를 받았다. 그러나 곧 그녀는 영국 앙리 왕의 부인이 되었다.[20] "그러자 베르나르는 슬프고 기분이 언짢게 되었다. 그는 툴루즈의 마음씨 좋은 백작에게로 다시 달려갔고 백작이 죽을 때까지 그의 곁에 머물렀다. 백작이 죽자 깊은 고뇌 끝에 다롱 수도원으로 갔고 그곳에서 죽음을 맞이했다."

---

20) 노르망디의 공작부인은 엘레오노르 다키텐인데 최초의 트루바두르인 푸아티에 백작 기욤의 손녀로서 1152년부터 루이 7세의 이혼한 전(前) 배우자였으며 1152년과 1154년 사이에 베르나르 드 반타두르가 그녀의 궁정에 머물렀었음; cf. Diez, *L. W.*, p.25.

우리는 이 이야기를 여러 관점에서 주목할 수 있다. 우선은 자작이 자신의 성에서 가장 빈천한 하인의 아들에게 그 시적 재능을 알아보고 신분과 무관하게 정성과 배려를 쏟았다는 점이다. 또 이 버릇없는 아이의 배은망덕함이 그 두 번째요, 특히 부인을 단죄한 처벌도 놀랍다. 법의 높고 낮음이 있던 시대에 가난한 시인의 인생은 대수롭지 않은 것처럼 보인다. 그럼에도 반타두르의 주군은 그를 법으로 처단하지 않고 그저 냉정하게 대하고 더 이상 사생활에 있어서는 긴밀한 관계를 허락하지 않았을 뿐이었다.

기엠 드 카페스탕(Guillem de Capestang)

비슷한 상황이지만 완전히 다른 결말을 말하고 있는 루시옹(Roussillon) 지방의 위대한 주군에 관한 행적이 있다. 여기에서는 무명의 연대기 작가가 어떻게 이야기를 전개하는지 살펴보자.

기엠 드 카페스탕은 카탈로니아와 나르본과 이웃하고 있는 루시옹 지방의 기사였다. 그는 아주 잘생겼고 매우 좋은 기병이었으며 상당히 정중했다. 그 나라에는 루시옹 성의 성주부인인 세레몽드(seremonde)가 있었다. 이 주군은 여느 주군들처럼 아주 부유한 사람이었으나 성격은 무자비하고 비사교적이며 거만했다. 트루바두르인 기엠 드 카페스탕은 주군의 부인을 위한 아름다운 샹송을 만들었다. 주군은 이내 그 사실을 알았고 어느 날 사냥을 나가 이 트루바두르를 만나 죽여버렸다. "그리고 나서 그의 심장을 꺼내 성의 종자에게 건넸다. 종자는 심장에 후추를 뿌려 구웠고 주군은 부인에게 그 요리를 먹게 만들었다." 그녀가 그것을 먹었을 때 주군은 사실을 전부 말했고 그녀는 엄청난 충격으로 시력과 청력을 상실했다. 이후 회복된 그녀는 남편에게 "주군이여, 당신은 제게 결코 비슷한 것을 먹어보지 못했을 정도로 맛있는 요리를 주었어요." 그러자 그는 그녀를 때렸다. 그녀는 창문 높은 곳에서 뛰어 내려 스스로 목숨을 끊었다.

루시옹 성의 성주의 극악무도한 잔인성과 부인의 자살은 그 나라에서는 커다란 슬픔을 야기했다. "이 나라의 모든 기사들, 즉 젊은 기사들은 모여들었는데 에스파니아 왕은 어떤 생각을 품었고 백작은 잡혀서 죽임을 당했다." 두 희생자의 시신은 페르피냥(Perpignan)에 있는 교회에서 성대한 의식을 치렀다. 그곳은 매년 성지순례의 장소가 되었고 방문하는 완벽한 연인들은 그들의 영혼을 위해 신께 기도했다.

우리의 트루바두르 일대기처럼 프로방스의 형식을 따르는 13세기에 창작된 시(詩)인 『쿠시의 성주(Châtelain de Coucy)』라는 소설[21]이 있다. 만약 이 이야기가 역사적인 토대를 갖고 있거나 혹은 더욱 있음직한 이야기라 해도 여기에서 판단할 일은 아니다. 민중 콩트의 이본(異本)은 아니기 때문이다.

조프르 뤼델(Jaufre Rudel)

이 전설은 우리에게 가장 우아하고 감동적인 이야기 중의 한 편으

---

21) Cf. 쿠시(Coucy)의 성주에 관해서는 다음을 참조할 것. cf. G. Paris, 『중세 프랑스 문학(La Littérature française au moyen âge)』, § 135.

로 남았는데 앞에서 얘기했던 전설과 비교해보자. 이 일대기는 트루바두르인 조프르 뤼델의 이야기로 그는 블라예(Blaye)의 왕자였다. 여기에는 간결하게 기록된 그에 관한 이야기가 있다.

"조프르 뤼델, 블라예의 왕자는 트리폴리(Tripoli)의 공주에게 반했다. 그녀를 직접 보지도 않은 채 안티오크(Antioche)에서 돌아오는 순례자들에게서 그녀에 관해 전해 듣고는 우아한 예의범절과 덕성을 갖춘 점에 반해버렸다. 그는 그녀를 위해 아름다운 곡조를 붙여서 만족스러운 시를 많이 창작했다. 마침내 그녀를 보러가기 위해 육지를 가로지르고 급기야 배를 타기에 이르렀다. 그가 바다에 도착했을 때는 그만 중병에 걸려서 함께 같던 동료들이 보기에 죽음이 임박해 보였다. 그러나 그들은 끝내 트리폴리로 데려갔고 죽은 듯 보이는 그를 한 여인숙에 맡겼다. 사람들은 침대 머리맡에서 죽어가는 그를 팔로 안고 있는 백작부인을 알아보았다. 그녀를 보자마자 그는 시각과 청각 그리고 후각을 되찾았다. 그는 신을 향해 찬양했고 이 순간까지 자신의 삶을 북돋워준 신께 감사했다. 그리고는 백작부인의 품에서 죽었다. 그녀는 그를 탕블리에(Templiers)의 저택에 정성들여 묻었다. 같은 날 그의 죽음에 대한 고통으로 인해 그 귀부인은 수도원으로 은둔해버렸다."[22]

소설 같은 이야기다. 이 전설은 시인들과 역사가들에게 강한 인상을 주기에 충분했다. 페트라르카 이래로 윌랑(Uhland)과 스윙뷔른(Swinburne) 그리고 다른 작가들을 거쳐 『머나먼 공주』의 저자까지 또 카르뒤치(Carducci)와 가스통 파리스(Gaston Paris)에게까지 감동을 주었다. 앙리

---

[22] 조프르 뤼델의 전설에 관해서는 다음을 참조할 것. cf. G. Paris, 『조프르 뤼델(Jaufre Rudel)』, Rev. hist., t. LILL, p.225와 이후.

엔느(Henri Heine)는 시 전체에서 감동을 느꼈고 자신이 창작한 로망세로(Romancero)의 가장 아름다운 작품에서 이 이야기를 근사하게 빌어 왔다. 우리는 옛 연대기 작가의 단순한 이야기에 감동을 채색할 줄 아는 낭만적인 시인이 갖고 있는 모든 상상력을 미리 알아차릴 수 있을 것이다.

우리는 블라예 성 안에서 트리폴리 백작부인이 예전에 분별력 있는 손으로 아름답게 수를 놓은 타피스리로 장식한 벽을 보았네.

그녀는 온 영혼을 다해 그리고 사랑의 눈물을 담아 비단 위에 그림 하나하나에 장식할 수를 놓아 타피스리를 신성하게 만들었네.

어떻게 백작부인이 연안에 누워 죽어가는 뤼델을 보게 되었으며 그의 외양을 통해 꿈꾸어 온 이미지를 알아차린 걸까.

뤼델 또한 이곳에서 그녀를 처음으로 봤고 그토록 자주 꿈 속에서 그리워한 귀부인을 현실에서는 마지막으로 봤으니.

그의 가여운 신체 위로 백작부인이 몸을 기울이고 두 팔로 애정을 다해 껴안은 채 그녀를 향한 찬미의 노래를 불렀던 그의 창백한 얼굴에 키스를 하였네.

블라예 성 안에서는 밤새도록 옷자락이 스치는 소리, 살랑거리는 떨림만이 있었네. 타피스리의 형상은 갑자기 생기를 띠기 시작했다네.

트루바두르와 귀부인은 그들의 잠든 몸을 흔들어 깨우고 벽에서 나와 홀 안을 걸어 다닌다네.

부드러운 제안, 조용한 익살, 비밀스런 우수, 사랑 노래의 시대를 위한 사후의 친절과 정중함이여.

"제오프로이(Geoffroy)여, 나의 죽은 심장은 너의 목소리로 다시 데워지고 오랫동안 꺼진 목탄 숯불 속에서 새로운 불길을 느낀다네."

"멜리장드(Mélisande)여! 행운과 꽃이여! 너를 눈으로 바라볼 때 나 역시 되살아나네. 지상의 악이여 땅에서 저지른 나의 고통들은 오로지 죽어버렸다네."

"제오프로이(Geoffroy)여, 우리는 예전에 꿈속에서 서로 사랑했고 지금은 죽은 후에도 서로 사랑한다네. 사랑의 신은 기적을 일으켰으니."

"멜리장드(Mélisande)여! 꿈이 무엇인가? 죽음은 또 무엇인가? 덧없는 말들뿐. 유일한 사랑 안에서 현실이 있고 바로 내가 당신을 사랑하는 것, 아! 영원히 아름다울."

"제오프로이(Geoffroy)여, 이곳에서 선(善)을 대하듯 달빛이 비추는 고요한 방 안에서 나는 결코 더 이상은 태양을 향해 나가기를 원하지 않을 것이네."

"멜리장드(Mélisande)여! 사랑스런 광녀(狂女)여, 당신은 빛과 태양 그 자체요. 당신이 지나가는 어디에나 봄꽃이 피었고 5월의 사랑과 기쁨은 대지에서 솟아나도다."

결국 이 정다운 유령들은 산책을 거닐며 속삭였다. 달이 고딕양시의 유리 창문에 의해 빛을 떨어지게 내버려 두는 동안에 그들은 이쪽저쪽으로 다녔다.

그러나 이 우아한 유령들은 종국엔 떠밀려서 솟아난 여명을 마주하게 되고 그들은 타피스리 속 벽 안으로 겁에 질린 채 되돌아갔다.

페르 비달(Peire Vidal)

결국 가장 낭만적인 일대기 중의 하나는 툴루즈 사람인 페르 비달에 관한 이야기다. 그의 시적 경력은 13세기 전반기에 펼쳐져 있다. 그는 광기의 씨앗을 지닌 채 비옥한 상상력을 갖춘 천재처럼 보였다. 그럼에도 그의 상상력은 낯선 모험을 빌려다 쓰는 연대기 작가의 상상력을 초월하지는 못했다. 알지 못하는 낯선 곳에 대한 동경이 강했던 페르 비달은 동방을 향해 떠났고 시프러스 섬의 한 그리스 여성과 결혼을 했다. "사람들이 그에게서 들은 바에 따르면 그녀는 콘스탄티노플 황제의 조카였으며 그녀 때문에 그가 제국에서 권리를 갖게 되었다는 것이다." 그것은 야망과 상상력을 흔들 만한 장점이었음에 틀림없을 것이다. 그는 제국을 정복하러 가기 위한 커다란 배를 건설하기 위해 거금을 사용했다. "그리고 그는 황실의 무기를 착용했고 황제와 황실부인을 부를 수도 있었다."

위대함의 광기가 여기 있다. 그러나 자연이 너그럽게 부여한 유일한 광기는 아니었다. "연대기 작가에 따르면 그는 세상에서 가장 미친 사람이었다. 그는 그의 마음에 드는 모든 것을 믿었고 그가 원하는 것은 진실이었기 때문이다." 따라서 그는 눈에 보이는 모든 여성들에게 열중했고 그들에게 사랑의 고백을 바쳤다. 간혹 재치 있는 여성들은 그를 조롱했고 그러나 "그가 원했던 모든 것을 믿게 내버려

두기도 했다." "그리고 그를 믿었고 어떤 이는 그를 위해 죽음을 불사하였으며 그가 모두의 친구였음을 연대기 작가들은 계속해서 이야기하고 있다."

그러나 마르세유 성주인 바랄 드 보(Barral de Beaux)의 부인인 아잘라이스(Azalaïs)와 그에 관한 이야기가 있다.

> 연대기 작가가 말하길, 바랄 주군은 페르 비달이 자신의 부인을 사랑했고 그가 그러한 사실을 즐긴다는 것을 잘 알고 있었다. 그러한 모든 사실을 아는 모든 이들과 그의 부인은 웃으며 그를 대했다. 페르 비달이 그녀에게 화를 낼 때면 주군은 이내 곧 평화를 유지했고 그가 원하는 것을 동정으로 동의했다. 어느 날 페르 비달은 바랄이 자리에서 일어났고 부인은 침실에 혼자 있다는 것을 알았다. 그는 그녀 앞에서 잠들어 있는 그녀를 찾아 무릎을 꿇고 머리를 숙여 입술을 마주쳤다. 그녀는 키스를 느꼈고 남편 바랄이라 생각했기에 미소 지으며 일어났다. 그녀는 바라보고는 페르 비달의 미친 짓임을 보았다. 그녀는 고함을 지르기 시작하였고 커다란 비명을 질렀다. 시녀들이 비명 소리에 달려왔고 무슨 일이 있었는지 물었다. 그러자 페르 비달은 도망을 갔다.

귀부인은 남편을 불렀다. 그러나 트루바두르들은 결정적으로 암묵적인 특권이 있었다. "바랄은 예의바른 남자답게 미소 지으며 모험을 감행했다. 오히려 그는 그저 광인(狂人)이 저지른 미친 행위에 그토록 소란을 피운 부인을 꾸짖었던 것이나."

귀부인은 이 트루바두르를 제노바로 보내버리라고 요청했다. 위협을 받은 그는 외국으로 가버렸다. 그는 프로방스로 감히 돌아오지 못한 채 샹송으로 위안을 삼고 감정을 달랬다. 결국 자신의 시인을 많이 좋아한 바랄 드 보는 그의 사죄를 받아들였고 그를 시리아(Syrie)로 오게 했으며 용서를 받은 페르 비달은 결국 기쁜 마음으로 마르세유로 돌아왔다.

그가 실패한 기행(奇行) 중 다른 하나는 결말이 더 나쁘게 끝난 것도 있다. 그는 라 루브(La Louve)라는 귀부인에게 반했다. 이 이름이 우리의 트루바두르가 창작한 것인지 혹은 별명들 중의 하나인지는 모르겠다. 라 루브(La Louve)라는 카르카손 인근 성에 살았던 창부(louve)가 있었기 때문이다. 페르 비달은 사랑의 감정을 증명하기 위해 검은 가면, 즉 늑대로 분장하는 것보다 더 나은 것은 없다고 생각했다. "그는 목동과 개가 믿을 수 있도록 늑대 가죽으로 된 옷을 입었다." 이렇듯 뒤틀리고 문란하며 기이한 환상은 그를 불행으로 이끌었다. 마침내 목동과 개들은 그를 추격했던 것이다.

이러한 소란의 중심에 있는 불쌍한 늑대여,
웃옷이 엉켜버렸네.
도망칠 수도 없고 변명할 수도 없구려.

마침내 그는 루브 성에서 죽음을 맞이하게 되었다. "그 죽어가는 늑대가 페르 비달임을 그녀가 알았을 때 그녀는 그의 광기 어린 행동에 대해 미친 듯이 웃기 시작했다. 남편도 마찬가지였다. 남편은 그를 아주 조용한 장소에 두었다. 그는 의사를 불렀고 그가 치료될 때까지

정성들여 돌보았다." 페르 비달은 이러한 정성 어린 보살핌에 보답했고 가장 예쁜 샹송들 중 하나로 광기를 다시 쟁취했다(*De chantar m'era laissatz*).

기엠 드 라 투르(Guillem de la Tour)

가장 이상한 연대기 중의 하나는 기엠 드 라 투르의 이야기다. 그는 룸바르디아(Lombardie)에서 살았는데 밀라노의 이발사 아내를 납치하여 콤(Côme) 호수까지 도망쳤다. 근데 우연히 그 부인이 죽었다. "그는 미칠 만큼 커다란 슬픔으로 인해 그녀가 그와 헤어지기 위해 죽음을 위장했다고 믿었다." 그는 그녀의 시신 곁에서 열흘 낮과 밤을 지새웠다. 매일 저녁 그녀에게 묻곤 했다. 그녀가 죽었는지 살았는지. 만일 살았다면 나를 향해 돌아올 텐데 만약 죽었다면 그녀가 내게 벌을 줄 텐데. 그는 점쟁이들이 그녀에 대해 말하는 것을 듣고 싶었다.

그는 도시를 휘젓고 다녔다. 남자 점쟁이와 여자 점쟁이를 찾아 떠나기도 했다. 그들 중 한 명이 말했다. 만일 매일 기도를 150번 암송하고 식사하기 전에 일곱 명의 걸인에게 온정을 베풀어 동냥을 준다면 다시 말해 하루도 빠짐없이 1년을 그렇게만 한다면 부인이 살아 돌아오긴 할 걸세. 그렇지만 먹을 수도 마실 수도 '말'을 할 수도 없을 걸세. 불쌍하고 사정이 딱한 그 남자는 조언을 믿고 따랐다. 단지 1년이 끝났을 때에야 비로소 속임수임을 알아차리고 비난했으며 절망에 빠지기도 하고 결국 죽음을 받아들였다.

지로 드 보르넬(Giraut de Bornelh)

교훈적인 일대기로 종결짓자.

"지로 드 보르넬은 엑시데이외(Excideuil) 지방의 리무쟁인이었다. 그는 낮은 집안 출신이었으나 학식이 아주 높았다. 자연스럽게 습득한 지식이 많았다. 이러한 이유로 트루바두르들의 스승으로 일컬어졌다. 그는 사랑의 감정을 잘 표현하는 미묘한 어휘들을 잘 알고 있는 사람들인 정확한 전문가들에 의해 인정받았던 것이다. 그의 삶은 다음과 같다. 그는 겨울 내내 학교에 있었고 공부를 하였다. 반면 여름동안은 여러 성들을 돌아다니며 편력하였다. 자신이 쓴 샹송을 부르는 가수 두 명을 데리고 다녔다. 그는 여성을 결코 원하지 않았다. 그가 획득한 모든 것은 가난한 부모에게 드리든지 또는 자신이 태어난 교회에 바쳤을 뿐이다."

7. 전설과 실제 이야기

꽤 전설 같고 비극적이며 우아한 이야기가 있다. 우리는 침묵한 채 다른 많은 것을 지나쳐 버리기도 한다. 적어도 현실을 마주한 사실이거나 어렴풋한 진실인 이야기를 해보도록 하자. 트루바두르들은 시와 기쁨을 바친 궁정에서 최고의 환대를 받았으며 시대의 증거가 되었고 무엇보다도 우리에게 그들의 작품을 배우게 해주었다. 또 우리는 그들을 경쟁하는 민중의 이름으로 혹은 생애와 씨름하는 학문적인 이름으로 부를 것인데, 이 얼마나 기복이 심하고 가혹한 것인지. 트루바두르의 시에서는 암시적으로 볼 때 '험담'으로 가득 차 있다.

트루바두르는 귀부인을 잃고 혹은 평판이 더럽혀지고 손상되기도 한다. 또 그들은 무거운 짐을 후원자들과 함께 뒤섞어 버린다. 사림들은 트루바두르가 하는 말을 믿게 된다. 그들이 살았던 좁고 폐쇄적인 사회에서 벌어지는 질투와 일상적인 화려한 행렬 그리고 중상모략과 험담은 자연 속에 피는 꽃처럼 계속적으로 일어나는 평범한 일이었다.

　트루바두르의 일대기는 몇몇 트루바두르의 높은 사회적 신분과 어떤 트루바두르의 소설 같은 전설들을 통해 그들이 영웅임을 말하고 있는데 그들의 삶에 대해 속이지 말아야 한다. 많은 이들이 아주 빈한한 출신이었기 때문이다. 또 많은 이들이 시를 위하여 이익을 올리거나 돈을 버는 일을 거부했었다. 다른 이들은 귀족 출신도 있었는데 그들 역시도 신분 유지를 하기에는 행색이 지나치게 소박했기에 이익과 명예를 얻기 위해 모험의 길에 참가했으며 그럼에도 불구하고 상실감과 비참함을 종종 느끼곤 했다. 그들은 지나치게 성가실 정도로 애걸복걸하는 사람들이기도 했다. 일찍부터 이미 겪은 경력이 이를 대변해주고 있다.

　태생적인 사회적 지위에 대해 알게 되면 우리는 트루바두르에 대해 관대해진다. 그들은 고상한 품위를 그리워했으나 어떤 측면에서는 불손하거나 모욕감을 느끼게 하거나 혹은 위협하거나 아첨을 통해 주군들에게 필요한 것을 요구했다는 점이다. 그들은 주군에게서 좋은 말(馬)을 얻고 좋은 옷을 그리고 돈을 얻었다. 그들이 살았던 사회적인 환경은 특징적인 하나의 학파를 형성하지는 않았다. 그들을 비난하는 이들은 그들이 살았던 삶의 상황을 오해하거나 배경이 되는 역사를 무시해서 벌어지는 일이다. 르낭(Renan)은 『프랑스 문학사』[23]에서 13세기 헤브라이즘 시에 관해 유대인 시인 고르니(Gorni)의 삶은

---

23) 『문학사(Histoire littéraire)』, XXVII, 723-724.

이상하게도 트루바두르의 삶과 유사하다고 주장했다. "고르니는 사리사욕이 없는 스타일의 시인이 아니었다. 그는 오히려 직업인이었다. 그에 관해 우리에게 보여주는 바는 그가 아첨쟁이였으며 혹은 문학 거지로서의 삶에 대한 실망 혹은 취득한 이익으로 인해 비난받거나 찬사를 받기도 한 무례하고 돈에 매수되는 이였다는 것이다." 르낭(Renan)의 성찰에 따르면 부유한 부르주아에 대한 비평이 연상되는 바, 부알로(Boileau)는 콜레트(Coletet)를 시기하였는데 나쁜 시를 창작했기 때문이 아니라 빵을 얻기 위해 이 부엌 저 부엌을 찾아 돌아다녔기 때문이다. 트루바두르는 빵을 찾아 이 성 저 성을 찾아 돌아다녔다. 이러한 필요성은 이미 설명되었고 이해를 바라는 사항이다.

8. 종글뢰르(Jongleurs)와 트루바두르(Troubadours)

트루바두르는 종글뢰르라고 하는 무서운 경쟁자가 있었다. 종글뢰르는 로마 사회의 유산이었다. 또 그들은 로마 사회 이전에도 이미 존재했었다. 우리는 그들의 역사를 로마제국부터 현대문학의 기원까지로 추적하여 그 흔적을 훑을 수 있다. 그들은 트루바두르가 노래 부르기 시작하자 많은 활동을 하게 되었다. 종글뢰르는 트루바두르를 돕는 부차적인 존재였기 때문이다. 위대한 주군인 트루바두르가 초기에는 많았었는데 종글뢰르에게 자신이 창작한 샹송을 낭송해달라고 종종 부탁했던 것이다. 따라서 그들의 역할은 주군이 창작한 샹송을 낭송하면서 조금씩 성장하였고 결국 시를 향한 취향으로까지 발전하게 된 것이다.

트루바두르와 종글뢰르, 두 계층 간 역할은 적어도 초기 역사에서는 그 범위를 정할 수 없었고 그들이 라이벌이 될 만한 이유를 찾을 수도 없었다. 단지 종글뢰르가 트루바두르의 반열로 올라서려는 것을 보는 일이 드물지 않았을 뿐이다. 종글뢰르란 직업은 어떤 특징적인 장점이 있었다. 성실한 기억력과 악기를 다루는 데 뛰어난 능력이 있었다. 따라서 다른 이가 창작한 시를 노래할 땐 감정을 표현하는 것 이상으로 시의 멋을 불러일으키는 재주가 있었던 것이다. 또 종글뢰르가 받은 일반적인 교육과 트루바두르가 지니고 있는 예술과 기교에 관한 지식은 종글뢰르를 시인의 반열로 이끌었다고 할 수 있다. '트루바두르와 종글뢰르 간의 이러한 지속적인 접촉과 교류는 두 계층에 대한 혼동을 야기했다.' 최소한 21명의 트루바두르는 동시에 종글뢰르였다.[24]

이러한 혼돈은 심각한 것은 아니었다. 만약 종글뢰르의 역할이 트루바두르 시의 기원부터 계속 존재했더라면, 시인에게 필요한 조력자로서의 역할이더라도. 그러나 중세 초기 동안에 그들 가운데에 인기가 떨어지고 시간이 흐름에 따라 쇠퇴기를 맞이하는 이가 나타났으며 결국 두 계층으로 되돌아왔던 것이다.[25]

신분이 강등된 트루바두르들은 원숭이와 곰을 조련하는 조련사와 가까이에 있었는데, 이 얼마나 낯선 세계이며 별로 추천할 만한 환경은 아니지 않는가! 최후의 트루바두르인 기로 리키에(Guiraut Riquier)와 다른 증인들이 스케치한 짧은 그림들은 우리에게 어떤 생각을 갖게 한다. 우리가 그 그림 속에서 가수와 카바레에서 자신들의 재능을

---

24) A. Stimming, dans le *Grundriss* de Grœber, II, B, p.16.
25) Cf. 최후의 트루바두르에 관한 우리의 연구, 기로 리키에(Guiraut Riquier), p.122와 그 이후.

쏟아내는 떠돌이 음악가를 본다. 또 속임수를 부리는 요술쟁이는 자신의 이름과 동의어인 종글뢰르(곡예사, 요술쟁이, 협잡꾼의 의미가 있음) 신분을 잘 드러내곤 했다. 결론적으로, 곡예사는 품행이 나쁜 춤꾼들을 종종 데리고 다녔고 그가 조련한 새, 원숭이, 곰, 개 그리고 영리한 고양이와 같은 많은 동물을 공공연하게 구경시키곤 하며 돌아다녔다. 한 단어 속에 들어 있는 모든 전형적인 인물들은 종글뢰르라는 보편적인 이름으로 꾸며져 정기적으로 서는 장터와 서커스에서 등장한다.

앞에서 말한 그림은 틀림없이 시의 쇠퇴시기에 그려진 그림이었을 것이다. 이 장르 속 구경꾼들은 트루바두르들이 평소 자주 드나들었던 궁정 사회에서 더 존중받는 사람들이었을 것이다. 부분적으로는 사실이다. 그러나 이 시대의 위대한 주군들이 즐겼던 오락거리는 자신을 위한 것이라기보다는 손님들에게 제공하는 것이었다. 다음 이야기는 관습에 관한 이야기로서 교훈적인 플라망카(Flamenca)[26]의 소설에서 빌려왔다. 배경은 웅장하고 호화로운 부르봉 다르샹보(Bourbon d'Archambaut) 궁정에서 있었던 일이다. 그날은 1년 중 성 요한(Saint-Jean)의 축일이었고 식사를 마친 후 종글뢰르들이 자리에서 일어났다. "각자는 노래를 들려주길 원했고 당신은 다양한 곡조에 따라 코드를 붙잡는 것을 듣게 될 것이다. 비올라로 듣는 새로운 아리아와 샹송 그리고 데스코르(descort)[27] 혹은 레(lai)[28]는 가능한 한 앞으로 배치했

---

26) 우아한 문체로 창작된 소설 『플라망카』에는 8,000편 이상의 시가 포함되어 있으며 1865년과 1901년 두 차례에 걸쳐서 M. 폴 메이메(M. Paul Meyer)에 의해 출판되었음. 이 두 번째 판의 첫 번째 인쇄는 텍스트를 포함하고 있으며 지금까지는 유일한 출판본임. 소설은 13세기에 나왔는데 문화사뿐 아니라 문학사로서도 흥미로움 저서임_저자.

CHAPTER 02. 트루바두르의 사회적 신분. 전설과 현실.
트루바두르와 종글뢰르(Jongleurs) 89

다. 한 사람은 하프를 연주하고 다른 사람은 비올라를, 다른 이는 백파이프를 또 다른 이는 휘파람을 불었다. 한 사람은 뮈제트를 연주하고 다른 이는 단조로운 일현금과 함께 현악기를 연주한다. 또 한 사람은 마리오네트 꼭두각시 인형 놀이를 하고 다른 이는 칼싸움을 한다. 한 사람은 땅에 몸을 던지고 다른 이는 뛰어 오른다. 또 다른 이는 술병을 쥐고 춤을 춘다……."

만약 우리가 환상적인 그림을 가지고 있다면 그 특징들은 현실에서 가져온 것이다. 음악가는 종글뢰르의 회합에서 주도적인 역할을 담당했고 요술쟁이, 곡예사들은 없어도 아쉽지는 않았다. 그들은 오로지 시(詩)에만 열중한 것은 아닌 듯 보였다.

우리는 이 그림이 북프랑스의 관례와 풍속을 나타내는 것이고 종글뢰르는 그들과는 전혀 닮지 않은 트루바두르와 자주 교류했다고 말할 수 있을까? 우리는 잘못을 깨닫고 각성해야 한다. 평범한 다른 증거가 여기에 있다. 트루바두르는 시를 구상하기 위해 애를 썼다. 틀림없이 평범한 시(詩)이지만 내용에 있어서는 재치를 부렸을 것이다. 여기 '교육'(프로방스 시에서 가져온 이름)29) 중에서 발췌한 내용이 있다. 시인은 처음부터 끝까지 노래를 할 줄 모르고 비올라를 연주할 줄 모르는 종글뢰르를 비난한다. "네게 손가락을 움직이고 활을 켜는

---

27) 옛 옥시탄어로 트루바두르가 쓴 서정시중 한 장르_옮긴이.

28) 중세의 8음 시구의 짧은 시_옮긴이.

29) 고대 옥시탄 방언으로 교육(ensenhamens)은 다음을 참조할 것. cf. 우리 연구의 이전에서 이미 인용되었음. 처음이자 가장 오래된 교육은 기로 드 카브레라(Guiraut de Cabreira)가 인용한 것에서 차용했는데 그는 베르트랑 드 보른(Bertran de Born)과 페르 비달(Peire Vidal)과 함께 동시대인인 카탈로니아 귀족이었음_저자.

것을 가르친 시인은 나쁜 선생이야. 너는 가스코뉴 지방의 종글뢰르처럼 춤을 출 줄도 모르고 어릿광대 노릇도 못하지. 나는 너에게서 시르방테[30]도 발라드도 레트로엔차(retroencha)[31]도 논쟁시도 듣지 못했지." 주목할 점은, 우리 시인들에 따르면 종글뢰르는 서사문학에서 서사시군(群)[32]을 알아야만 한다는 점이다. 바로 샤를마뉴의 카를롱(Carlon) 무훈시 이래로 아더왕(Arthur)의 무훈시까지. 또 아이올(Aïol)과 로에랭(Loherains) 그리고 에렉(Erec) 또 제라르 드 루시옹(Gérard de Roussillon)과 콘스탄틴(Constantin) 황제 그리고 살로몽(Salomon) 등등. 온갖 리라 칠현금까지!

여기, 시인이 연수생인 종글뢰르에게 전해준 조언이 있다. "시적인 논쟁을 추구할 줄 알아야 하고 잘 뛰어넘을 줄 알아야 하며 언변이 좋아야 하고 제안할 줄도 알아야 하지. 또 북과 캐스터네츠를 칠 줄도 알아야 하고 교향악에 관심도 있어야 하지. 두 자루의 칼과 함께 새의 노래를 들으며 사과 여러 개를 위로 던졌다가 받을 줄도 알아야 하지. 또 마리오네트 인형극도 할 줄 알아야지. 하프와 만도라를 연주할 줄 알아야 하고 네 개의 굴렁쇠를 굴리면서 뛰어오를 줄도 알아야 하지. 너는 괴상하게 옷을 입고 붉은 수염을 붙여야 해······. 막대기 위로 개를 뛰어오르게 하고 두 발 위에 막대기를 놓고 떨어뜨리지 않게 해야 하지······."[33]

---

30) 중세 남프랑스 음유시인의 시_옮긴이.
31) 옛 옥시탄어로 트루바두르가 쓴 서정시중 한 장르_옮긴이.
32) 같은 사건·인물로 엮어지는 작품의 한 묶음_옮긴이.
33) 인용은 기로 드 칼랑송(Guiraut de Calanson)에게서 빌려왔음. 이 시는 최근에 M. Wilhelm Keller에 의해 다음 제목으로 출간되었음. *Das Sirventes «Fadet Joglar» des Guiraut von Calanso*, Erlangen, 1905. 텍스트는 충분한 주해가 있음. 신포니아(symphonie)는 관현악기이

트루바두르가 꾸준하게 접촉과 교류를 했던 이 세계는 기이해 보인다. 아름다운 시대(la belle époque)와 황금 세기에서도 종글뢰르들 사이에는 엄연한 차별이 존재했음이 틀림없다. 얼마나 오랫동안 이러한 사회적 차별이 지속되었던 것일까? 누가 차별을 유지했던 것일까? 어쩌면 만약 차별이 존재했었다 해도 오랫동안 지속되지는 않았을 것이다. 종글뢰르와 트루바두르 간의 모호함은 일찍부터 시작되었었다. 특히 시의 쇠퇴와 함께 혼란이 급속도로 강조되었었다.

지금, 기억해보자. 트루바두르의 일대기는 그들의 삶을 소설 같은 전설들로 에워싸고 있었다. 이러한 전기를 통해서 혹은 여전히 더 거짓으로 보이는 노스트라다무스의 전기를 통하여 그들은 찬란한 후광에 둘러싸인 것처럼 보인다. 분명 트루바두르는 매력적이고 고상하며 이상적인 세상에 살았던 것처럼 보인다. 현실은 덜 아름다웠음에 틀림없고 우리는 그들의 시를 연구하면서 매순간을 암시해보고 추정한다. 그러나 최종적인 느낌은 부분적으로는 공정하다는 점이다. 이 시대에는 시를 향한 열광적인 분위기가 있었고 시인들은 수 세기 전부터 갖지 못한 채 오랫동안 되찾기 위해 애썼던 위상을 당대 사회에서 차지하고 있었다.

거나 바스크의 북, 즉 탬버린임(Keller, p.63).

트루바두르의 예술. 장르

1. 트루바두르(troubadours)[1]의 시는 기본적으로 서정적이다

트루바두르들은 기본적으로 서정시인들이었다. 많은 시인들은 다른 장르를 구상하는 것에 대해 경멸을 표현하기도 했다. 따라서 지로드 보르넬은 우리가 현 시대에 명명하는 것처럼 콩트와 중편소설 그리고 장편소설에 대한 강의가 성공한 것 자체로 놀랐고 화가 났던 것이다. 요컨대 강사, 즉 시(詩) 강사로서 타고난 재능을 갖춘 트루바두르들이 있었다.

지로 드 보르넬에 따르면 성공이란 유행하는 주제를 다루는 좋은 샹송을 만드는 것임에 틀림없다. 이 문학에서는 장르의 위계, 즉 서열이 있었다. 위계는 프로방스 시와 황금의 전(全) 시기 동안에 관찰되는 현상이었다. 쇠퇴의 시기 동안에는 '교훈적으로 잘 다루어진' 것은

---

1) 트루바두르란 어휘는 시를 창조했다는 의미에서 trobar, trouver에서 나옴_저자. Cf. 보편적인 참조, 디에즈, 『트루바두르의 시』, 재판(再版).

명예가 높았고 최후의 트루바두르 표현을 빌리자면 '우아한 콩트'는 서정적인 창작 구상을 했다. 클래식 시기 동안에 서정시는 유일하게 명예로웠다.

2. 시 학교들?

트루바두르는 자신들의 예술을 어디에서 배웠을까? 형식의 숭배를 더 깊게 파고들었던 시작(詩作) 환경을 볼 때, 시 학교가 존재했다는 것이 자연스럽지는 않은 것 같다. 초창기부터 직업에 필요한 기교를 가르치는 학교의 존재가 과연 어려웠을까? 이 질문은 트루바두르의 일대기를 통해서든 혹은 그들이 창작한 시를 통해서든 학교에 점수를 매기는 것만큼 더 흥미로운 일이긴 하다.

지로 드 보르넬의 삶을 기록한 작가는 그가 겨울엔 '학교에서' 보냈다는 것을 알려준다. 당대 지식의 총체를 구성하는 일곱 개의 예술, 즉 학문을 가르치는 학교와 관련이 있을 것이다. 그러나 당대 학교들 중에는 시를 가르치는 학교는 없었다. 혹은 만약 학교가 있었다면, 조프르 뤼델(Jaufre Rudel)의 학교는 창작한 샹송의 첫 부분에 나오는 것처럼 샹송의 스승과 여스승은 바로 새, 꽃 한마디로 자연이었다.

샹송의 스승과 여스승이여
나의 주변을 충분히 풍요롭게 만들어주는구려:
덤불 수풀에 사는 수천의 아기 새
영광의 왕관을 쓴 꽃들을 찬양하라
이미 우리의 잔디밭은 다시 태어나네.2)

　그러나 시인들은 제자들을 양성했다, 낱말의 의미 그대로. 반타두
르의 자작인 에블르 2세는 베르나르의 스승이었다. 마르카브륑은 세
르카몽의 제자였다. 더 최근 트루바두르인 위 드 생-시르(Uc de Saint-Cyr)
는 다른 시인들에게서 많이 배웠으며 동료들과 시에 관한 지식을 공
유했다. 따라서 일찍부터 일종의 시적 규율로 트루바두르는 많은 암
시를 만들었다. 그들은 전통에 따라 그러한 것을 알았고 여전히 완
전하지는 않지만, 쇠퇴의 시기에는 문집을 통해서 교훈적이고 교수법
적인 내용을 후대에 전달했다.

---

2) 사제 파퐁(Papon)의 번역, 『옥시탄 시(Parnasse occitanien)』, p.21.

3. 형식의 숭배

그들이 시인으로서 양성된 곳이 학교든지 간에 트루바두르는 형식에 대해서 극도의 예민함으로 구별되어진다. 그들은 우아한 치장에 대한 생각을 가리는 미묘한 작업을 강조하기 위하여 은유를 자주 사용했다. '닦다'와 '다듬다'라는 클래식 표현은 자주 재검토되었다. 한편으로는 샹송을 '생각해내고' 잘 '만드는' 법을 아는 데 있고 다른 한편으로는 '장식하다'와 '정제하다'를 아는 것이 중요했다.

트루바두르는 완벽한 작품으로 완성하기 위한 양심에서 종글뢰르에게 자신이 쓴 샹송을 맡기는 것이 드물지 않은 일이었다. 형식에 관한 예민함은 트루바두르에게 있어서는 극도로 중요한 것이었고 곧 정도를 지나쳤으며 새로움을 추구하다 보니 훌륭함에도 불구하고 이미 '옛 생각'으로 치부되기도 했었다.

그들을 비난하는 점은 형식에 관한 거의 지나친 예찬과 숭배인데 트루바두르에게는 명예스러운 것이었다. 예술에 대한 걱정은 新라틴 문학에서 비롯된 전통이었다. 신라틴 문학은 심오한 것을 놓치지 않고 재검토했다. 이러한 전통은 멀리 거슬러 올라갈 수 있는데 만약 트루바두르들이 창조하지 않았다 해도 만들었을 법하다.

그들은 자신들만의 예술을 창조했다는 자부심으로 관대하기도 하다. 이러한 관점에서 허영심이 강한 트루바두르는 정도를 지나치는 면이 있었다. 그들이 그토록 찬양하는 역량과 조심성 그리고 자질은 자신들의 환경에서 명예를 위한 일은 아닌 듯하다. 그들은 창조에 대한 독창성과 우월감을 자랑한다. 부분적으로는 그렇다. 그들에게 있어서의 창작은 우리가 이 단어에서 듣는 것과는 다르다. 창작은 새로운 사고를 찾는 것과 관련이 있는 것이 아니라 오히려 새로운 예술, 새로운 방식, 새로운 곡조, 새로운 각운과 시의 각 절의 조합을 뜻한다. 여전히 그들에게 가중된 예술에 대한 근심이 존재했다. 그 결과 공허함을 야기했다. 이러한 공허함은 시인들에게는 공통적인 감정이 아니었을까? 더 나쁘게 자리 잡은 부분은 없었을까?

4. 조사법(trobar clus); 아르노 다니엘(Arnaut Daniel)[3]을 향한 단테(Dante)[4]와 페트라르카(Pétrarque)[5]의 찬미

형식에 관한 근심은 민중적인 것과는 거리가 멀었다. 그것은 초기에 트루바두르를 이끌었던 완벽한 전문 권위자에게 해당되는 것으로, 어둡고 폐쇄적이며 세속적인 창작법인 조사법이라는 이름으로 지칭되는 세련된 문체 장르를 말한다. 이러한 문체로 적힌 시들은 첫눈에는 명료해 보이는데 그 의미는 숨겨져 있었으며 오늘날에도 여전히 의미에 대해 이견이 분분하다. 이 장르 속에는 거장의 오류가 존재한다. 당대의 전문가는 찬양과 경탄을 아끼지 않았다. 따라서 단테와 페트라르카는 이 장르에서 가장 탁월한 대표자이며 트루바두르들 중에서는 아르노 다니엘을 제일 첫 줄에 세울 수 있다. "그는 시에 있어

---

3) 1150년경에 출생해 12세기 말에 활동한 페리고르 출신의 트루바두르임_옮긴이.

4) 1265년 피렌체에서 출생하여 1321년 라벤나에서 사망한 피렌체 시인이자 작가이며 정치가임_옮긴이.

5) 1304년에 출생하여 1374년에 사망한 피렌체 시인이자 학자이며 인문주의자임_옮긴이.

위대한 스승이다. 페트라르카가 말하길, 세련되고 장식된 문체로 그의 조국에 명예를 만들기까지 했다."6) 이탈리아의 이 두 거장 자신들도 이 학파의 트루바두르들에게서 영향을 받았다. 그러나 그들의 재능은 그것을 뛰어넘는 것으로서 보호되었다. 아르노 다니엘은 프로방스 문학 안에만 갇혀 있지 않았던 것이다. 프로방스 문학의 조사법은 옛 전문가들에게는 커다란 기쁨을 안겨주는 것으로 이해하기 어렵고 수수께끼 같은 시 작품을 창작하는 장르이자 현대 전문가들에게는 실망을 주는 장르이기도 하다. 게다가 일찍부터 반응이 있었으며 심지어 당대 모든 트루바두르들은 이 개념을 찬양하지 않았을 정도다.7)

---

6) 페트라르카(Pétrarque), 『사랑의 승리(Trionfo d'amore)』.

7) Cf. Gaston Paris, 『중세 프랑스 문학의 개요(Esquisse historique de la littérature française au Moyen âge)』, p.159: 이 학파(조사법)의 트루바두르들인데 약간의 실수에도 불구하고 간접적으로는 현대 문체를 창조했다고 할 수 있음.

5. 트루바두르의 음악

음악은 트루바두르들의 예술에서 중요한 부분이다. 그것은 아름다운 생각이 아니라 아름다운 '소리'인데 다시 말해 아름다운 곡조를 발견하는 것이기 때문이다. 트루바두르의 여러 필사본과 우리가 명명하는 여러 '샹송작자'들은 우리에게 이러한 음악을 알게 해주었다. 오로지 사람들이 말하고자 하는 바는 영혼을 그리워한다는 점이었다.

우리는 독창성을 만드는 것에 대해 아주 나쁜 판단을 했다. 그 비법은 결코 잃어버리지 않은 듯했다. 우리 시대를 노래하는 것은 오래된 성가처럼 단조로워 보인다. 어떤 움직임에 의해 어떤 변조에 의해 트루바두르들과 특히 종글뢰르들은 단조로움을 탈피할 수 있었을까? 우리는 결코 알지 못할 내용이다.[8]

---

8) 음악에 관하여 참조할 것. Cf. 레스토리(M. A. Restori)의 우수한 논문, 『이탈리아 음악 잡지 (la Rivista musicale italiana)』, vol. II, fasc. 1,1895. 특히 베크(M. J.-B. Beck)의 최근 저서 참조. *Die Melodien der Troubadours*, Strasbourg, 1908. Cf. 또 장로이, 드쟌느, 오브리(A. Jeanroy, Dejeanne, P. Aubry), 『마르카브휑의 4편의 시, 12세기 가스코뉴 출신 트루바두르, 텍

샹송과 음악은 순전히 종글뢰르의 분야였다. 두 계층 간 엄격하게 경계를 지어본다면 트루바두르는 멜로디를 창작하는 데 신경을 썼고 종글뢰르에게는 비올라와 하프 그리고 다른 악기를 사용해 노래를 부르는 수고를 맡겼던 것이다. 그러나 명확하게는 종글뢰르 계층은 트루바두르 계층과 합쳐져 버렸다. 작곡한 것을 자신이 노래 부르는 음악시인에 대한 유혹은 자연스러운 일이 아니겠는가? 고대 그리스와는 멀리 떨어진 시기에 음악과 시는 어깨를 나란히 했던 것이다. 이 두 예술은 트루바두르에게 있어서는 예전 고대 그리스의 음영(吟詠)시인처럼 뒤섞여 버렸다.

다른 서정 장르에 관한 연구는 음악과 시라는 두 예술의 결합으로 더 잘 보여줄 것이다. 우리가 앞으로 열거할 장르들은 모두 노래를 부르기 위해 만든 것이다. 트루바두르들은 형식에 장식을 가하고 내용을 찾기 위해 '소리', 다른 말로는 곡조를 창작하기도 했다.

스트, 음악 그리고 번역(*Quatre poésies de Marcabrun*, troubadour gascon du XIIe siècle, texte, musique et traduction)』, Paris, 1904. 아리아를 창작한 트루바두르들은 베르나르 드 반타두르, 폴케 드 마르세유, 고셈 페디, 기로 리키에르, 페르 비달, 레몽 드 미라발이 있음. 이 곡들의 2/3는 필사본 R임(Bibl. nat., *f. fr.*, 22543).

6. 장르: 샹송(la chanson),[9] 정치풍자시(le sirventés),[10] 탄식(les plaintes),[11] 논쟁시(la tenson),[12] 전원시(la pastourelle),[13] 로망스(la romance)[14] 그리고 여명의 노래(l'aube)[15]

때론 이 장르를 두 개의 그룹으로 나눈다. 민중적인 기원의 어떤 흔적을 수호했던 장르와 민중적인 것에 동떨어진 장르로 구별된다.[16] 이것은 거의 정확한 구별인데 어떤 장르가 기원을 기준으로 볼 때 다

---

9) 문학과 음악적 표현을 다양한 형식과 구조로 엮은 가장 대중적인 장르임_옮긴이.

10) 트루바두르가 12세기와 13세기에 오크어로 부른 풍자시, 정치시 혹은 도덕시의 특징을 지닌 시를 말함_옮긴이.

11) 장례식의 노래임_옮긴이.

12) 트루바두르의 전통적 시 장르로서 대화와 토론을 기반으로 함_옮긴이.

13) 중세 시 장르로서 동일 모음의 반복으로 된 시절을 구성하고 있고 기사가 사랑에 빠진 양치는 소녀를 향한 이야기와 대화가 나옴_옮긴이.

14) 사랑의 모험시_옮긴이.

15) 중세 문학 장르로서 서로 사랑하는 두 연인이 해가 떠오르는 여명에 이별을 해야 하는 주제로 창작한 트루바두르들의 서정시_옮긴이.

16) Ludwig Rœmer, *Die volksthümlichen Dichtungsarten*, Marbourg, 1884.

른 장르보다 더 수준이 높고 고상하다고 믿는 것은 잘못되었다. 만약 우리가 트루바두르의 시에서 차지하는 중요성으로 더 단순하게 구별한다면 우리는 첫 번째 위치를 샹송에 두고 다음은 시르방테(정치풍자시)에 둘 것이며 그다음이 탕송(논쟁시)이다. 주요 장르들의 이름을 우선적으로 부여하면서 부가적으로 부르는 기타 장르들도 언급할 것이다.

샹송(la chanson)

샹송은 명예의 전당을 차지한다. 사람들이 꿈을 꾸는 것처럼 노력하지 않고도 자연스럽게 이해될 수 있는 장르다. 샹송은 특별히 사랑에 할애하는데 프로방스 시 역시도 기본적이면서 선호하는 주제였다.

샹송이라는 용어를 착각해서는 안 된다. 트루바두르의 샹송은 현대 샹송과 이름 이외에는 그 어떤 점도 공통적인 것이 없다. 시의 절 개수가 다양하며 보통 대개는 6절에서 7절이다. 샹송은 하나 혹은 두 개의 시의 발구에 의해서 끝맺는다. 시의 각 절에서 행의 수 역시 다양하다. 시의 행은 3개에서 42개까지인데 트루바두르의 기교에 대한 생각을 나타내는 것이다. 그러나 엄격한 형식은 꽤 드문 편이었다.

시 운의 배치는 극히 개인적인 배려의 대상이었다. 프로방스의 시에서는 조합을 구상하기 위해 모든 용어가 존재했다. 거의 모든 서정 장르에는 공통적으로 배려가 있는데 샹송에서는 더 민감한 편이었다. 샹송은 후렴구가 없다. 여기에 형식이 있는 셈이다.

내용에 있어서는 우리가 한 단어로 규정한 것처럼 사랑에 몰두한다. 거의 봄에 대한 기술과 묘사로 시작한다. 처음에는 문체와 관례 특히 가장 오래된 트루바두르들은 그렇다. 여기, 샹송 첫 부분의 몇몇 예가 있다.

초록 수목과 잎이 보이고 꽃들은 과수원에서 활짝 피었네.
밤꾀꼬리는 높고 맑은 소리를 만들어 멋진 노래를 지저귀네. 새 소리를 듣는 나는 행복하고 꽃을 바라보아 기쁘네. 만족스러운 나, 나의 귀부인도 그러하네.[17]

부활절의 자애로운 시기에 초록의 신선함이 더해져 잎과 꽃들의 각양각색 색깔이 우리를 반기네. 연인들은 자연을 만끽하며 즐거워하고 노래하네. 나를 동정하고 눈물 흘리는 건 나쁜, 기쁨의 맛을 모르는 나……

겨울이 떠났기에 꽃이 가득한 부드러운 계절이 돌아왔네.
작고 귀여운 새들의 다채로운 지저귐을 나는 가까이에서 반복적으로 듣네.
푸르른 숲과 가느다란 나뭇잎들은 이토록 기쁨을 안겨주고 나는 노래를 부르기 시작한다네.[18]

여기, 조프르 뤼델 샹송의 도입 부분이 있다.

샘에서 솟아나오는 시냇물은 깨끗하게 되고 찔레나무엔 꽃이 피었네. 나뭇가지 틈에 숨은 나이팅게일은 부드러운 노래를 속삭이고 섬세하게 지저귀네. 단지 나의 노래를 듣는 나.[19]

---

17) Bernard de Ventadour, *Quant erba vertz e fuelha par*(M. W. I, 11; *Gr.*, 39); *id., Lo gens temps de pascor*(M. W. I, 13; *Gr.*, 28).

18) Marcabrun, *Pois l'iverns d'ogan es anatz*(M. W. I, 57).

나는 행복하네. 아르노 드 마뢰이가 말하네. 바람이 4월에
숨을 쉴 때면 5월이 다가오기도 전에 모든 밤은 청명하고
고요하며 그때 밤꾀꼬리와 어치는 노래를 부른다네. 새들도
각자의 언어가 있고 아침의 신선함은 기쁨과 경쾌함을 부
른다네.[20]

때때로 도입부의 주제는 다르다. 주제는 다음의 형식으로 표현된
다. 다시 말해, 시인은 노래 부르기 위하여 봄이 돌아오기를 기다릴
필요는 없다. 자기가 사랑하는 귀부인을 향한 사랑은 모든 계절에 영
감을 주기 때문이다.

비도 아닌 바람도 아닌, 페르 로지에가 말하길, 시를 꿈꾸
는데 나를 방해할 것은 그 어떤 것도 없네. 무자비한 맹추
위도 나를 넘어뜨리지 못하고 노래도 웃음도 빼앗아가지
못하네. 사랑은 나를 이끌고 완벽한 자연의 기쁨은 나의 사
랑을 거머쥐니, 나를 다시 떠나게 하고 이끌며 유지하게 하
네. 그 어떤 다른 대상도 나를 기쁘게 할 수 없고 그 어떤
다른 것도 나를 살아가게 하지 못하네.[21]

오랑주의 랭보는 샹송을 이렇게 시작한다.

난 새를 위해서도 꽃을 위해서도 눈을 위해서도 얼음을 위
해서도 또 눈을 위해서도 열기를 위해서도 노래를 부르지
않네……. 나는 노래를 부르지 않네. 난 이 장르의 어떤 기
쁨을 위해서도 셸코 노래를 부르지 않네. 난 나의 귀부인을

19) J. Rudel, *Quan lo rius de la fontana*(M. W. I, 62; *Gr.*, 5).

20) Arnaut de Mareuil, *Belh m'es quan lo vens*(M. W. I, 155; *Gr.*, 10).

21) Peire Rogier, *Tan no plou ni venta*(M. W. I, 120; *Gr.*, 8).

위하여 세상에서 가장 아름다운 이와 내 생각을 노래한다
네.22)

샹송의 도입부에서는 자비로움과 시의 선례를 놓쳐서는 안 된다.
특히 첫 부분의 신선함으로 인해 궁정 샹송에서 민중적인 기원을 기
억나게 한다. 그것은 불가사이하게도 겨울을 벗어난 자연과 인간의
마음을 사로잡는 삶의 기쁨을 표현한 것이다. 오로지 도입 부분은 지
나치게 흡사하다. 그것은 단조로움으로 인해 지치고 피곤하다. 매력
은 꽤 빨리 사라진다. 그것은 틀림없이 샹송의 가장 관례적인 부분일
것이다. 동시에 다른 이를 아는 누군가를 누가 알겠는가. 주제는 지나
치게 단순하고 특히 너무 자주 다시 나타난다. 또 샹송에서 유일한
관례적인 부분인 것은 아니다. 내용에 있어서의 관례는 또 지상 최고
를 지배하는 것이다. 그러나 여기에서는 역설하지 않는다. 궁정 시의
교리에 집중할 장에서 연구를 해보자.

정치풍자시(le sirventés)

또 다른 서정 장르는 프로방스 시(詩)에서 으뜸 자리로 샹송과 경쟁
을 할 정도다. 바로 정치풍자시인 시르방테다.23) 사람들은 '시르방테'
라는 용어의 기원에도 또 '정치풍자시'라는 장르의 기원에도 동의하지
않는다. 어떤 이들의 주장에 따르면 이 용어의 출처는 '하인'(serviteurs)
들에 의한 혹은 '하인'들을 위한이라는 표현에서 나왔다는 점인데, 다

---

22) Raimbaut d'Orange, *Non chant per auzelni per flor*(M. W. I, 77; *Gr.*, 32).

23) 시르방테스(Sirventès): 프로방스어로는 sirventes임. 마지막 음절을 강조해야 함_저자.

시 말해서 여기서 하인이란 '궁정 시인'을 가리키므로 그 기원을 구성하고 있다고 보고 있다. 또 다른 이의 주장에 의하면 그 용어가 샹송의 곡조 형태에서 왔다고 보고 있다. 따라서 이 용어는 맹목적인 노예처럼 모방하는데 '헌신하는' 시라는 것이다. 바로 이 주장이 가장 그럴 듯한 가능성이 있다. 형식에 있어서 시르방테는 샹송과 구별되지 않기 때문이다. 바로 샹송을 맹목적으로 모방한 시라는 점이다. 우리는 이전 장르인 샹송에서와 마찬가지로 시의 운을 구성하는 데 있어 형식에 대한 똑같은 근심을 다시 보게 된다.

내용에 있어서는 이 두 장르는 확연히 다르다. 샹송은 트루바두르의 시각에서는 가장 완벽한 장르로 통한다. 그러나 우리의 연구시각에서 볼 때는 정치풍자시가 더 생존하지 않았었는지에 관해 긴가민가하다.

여러 하위범주로 구분할 수 있다. 우선 윤리와 종교의 보편적인 주제를 다루는 도덕·윤리 정치풍자시 혹은 종교 정치풍자시가 있다. 특히 이 장르는 쇠퇴의 시기 동안에 꽃을 피웠지만 관례는 일찍부터 드러났었다. 프로방스 시(詩)는 우리에게 독창적이고 불굴의 의지로 표현되는 풍자에 관한 여러 유형을 제공한다. 그러나 풍자시의 유형에는 모방하는 농노 집단이 있었다.

정치적인 혹은 인물의 내용을 다루는 정치풍자시가 더 흥미로운 유형이었다. 트루바두르가 살았던 사회를 관통할 수 있게 해주기 때문이다. 샹송은 이 사회에서의 이상적인 측면 혹은 이상주의자의 시각에서 보여줬다면 정치풍자시는 현실을 알게 해주었다고 할 수 있다.

트루바두르는 그들이 살았던 시대의 정치적인 사건에 흥미가 있었다. 무엇보다 일반적인 이유로 볼 때, 시인들은 그들의 상아탑에서 꽤 자주 빠져나오기를 좋아했다는 점이다. 그러나 정치적인 사건에서의 그들의 개입은 더 흥미진진한 활동이었다. 조심성이 있고 위대한 주군에게 고용된 트루바두르가 자신들의 후원자의 권력과 관련 있는 사건에 열정적으로 관여하게 된 것이다.

다른 이들의 주장에 의하면, 트루바두르의 역할이 시대의 언론이자 아주 독립적이지는 않은 언론이었으며 항상 완전히 자유롭지는 않은 언론을 대표했다는 것이다. 특히 외국과의 정치 분야에서 독립이 의심스러웠다고 알려져 있다. 카스티야의 알퐁스 10세는 황제로 명명되었는데 왕관을 스스로 쓰는 대관식이 지체되었었다. 황제는 보조금과 비밀 자본을 곤궁한 처지에 있는 당대 트루바두르들에게 보냈고 트루바두르들은 언론을 통한 여론 조성의 책임이 있었던 것이다.

그들은 위협을 통해 요구받기도 하고 덜 예민한 일련의 과정을 꽤 자주 활용했으며 알아차리기도 했었다. 이러한 청탁과 부정부패의 범죄 행위를 지칭하는 어휘는 최근에 출현한 것이지만 그러한 일은 옛날부터 있었던 것이다. 트루바두르의 변명을 듣자면, 인색한 수전노거나 거만한 주군의 마음에 들기 위해서는 별다른 무기가 없었기 때문이라는 점이다. 말을 듣지 않는 말(馬) 혹은 동전 몇 개만을 주는 주군을 만나는 불운이! 그러나 일신의 안위를 위해 나약했던 트루바두르는 주군에 대한 험담과 중상모략을 퍼뜨림으로써 그가 헛되이 간청했던 위대한 주군의 구두쇠 행위를 잔인하게 처벌하기도 했던 것이다. 이러한 인물에 대한 풍자는 당대의 관습이었다. 또 가난하고 정처 없이 방황하는 가수의 보복이기도 했다. 다혈질 혈통의 시인을 기억하는 인색하고 거만한 주군은 험담과 우스꽝스러움의 풍자를 염려하여 너그럽게 대하기도 했다. 이는 정치풍자시라는 보편적인 이름으로 부르는 장르에 속한 다양한 유형의 시들 전체일 것이다.

이 장르는 더 세분화할 수 있다. 예를 들어 '십자군의 노래'(chants de croisade)가 있는데 트루바두르는 성지에서 구출하는 데 협력을 한 크던 작던 기독교도의 수장들을 격려했다. 그들은 자주 수려한 능변으로 사로잡았다. 시는 종글뢰르가 혹은 트루바두르 자신이 직접 한 궁정에서 다른 궁정으로 퍼트려지기를 꿈꾸었고 망설여지는 의지에 대해 이 장르는 효과적인 훈계를 감내했었다.

탄식(les plaintes)

이 장르에는 또 '탄식'이 있는데 트루바두르가 후원자를 기리며 창작한 장례식의 노래다. 시를 구성하는 데 관례적인 요소는 없었으나 시의 어떤 부분에서는 다른 구상에서 항상 존재하지는 않았던 감정과 솔직함이 지배적으로 묻어났었다.

논쟁시(la tenson)

　이전과는 완전 다른 장르는 탕송(논쟁시)[24]이다. 어원학에 따르면 이 어휘는 토론을 의미한다. 이것은 어떤 문제에 대한 일종의 시적 토론이다. 틀림없이 이 장르의 기원은 완벽하게 논쟁을 즐기는 민중에게서 나왔을 것이다. 아마도 주어진 주제에 대해 시(詩) 콩쿠르를 구성하는 관습에서 찾을 수 있다. 이 장르는 가장 오래된 트루바두르들에 의해 알려진 것처럼 보이는데 다른 장르들과는 전혀 다른 기원을 갖고 있었으리라.

　중요한 관점은 논쟁시의 개념에 관하여 제기해야 한다는 점이다. 논쟁시란 두 명의 인물이 작가로 등장한다는 것일까? 혹은 대화 상대자와 시인이 순차적으로 고유한 생각을 드러내는 허구의 이야기와 관련이 있는 것일까? 많은 경우를 종합해볼 때 다른 두 명의 작가를 인정해야 한다.

　반면 상상의 인물과 함께 논쟁시를 구성하는 관례도 있었다.[25] 논쟁시의 주제는 매우 다양했다. 때론 가장 거칠고 종종 가장 고상한 낯선 문제를 토론했다. 일반적인 방식에서 토론은 사랑에 관한 궤변적인 관점으로 이루어졌다. 셀 수 없이 많은 주제가 있었는데 변증법을 통해 세련된 트루바두르의 고상하고 섬세한 정신은 자유로운 경

---

24) Cf. 장로이(Jeanroy), 기원(Origines)……, p.45와 그 이후. 논쟁시는 파벌-놀이로 구별하는데 대화자들이 상반되는 두 제안 중의 하나를 선택하는 다양한 장르의 일종임. 우리는 파벌-놀이 보다는 논쟁시라는 용어를 일반적으로 사용함_저자.

25) 상상 속 인물과 함께 논하는 논쟁시. cf. 장로이(Jeanroy), 기원(Origines)……, p.54.

력을 부여하게 되었다.

여기 시적 토론의 주제 몇 가지가 있다. 사랑에서 비롯된 감정은 기쁨과 고통 중 어느 쪽이 더 큰 것인가? 두 남자가 있는데 한쪽은 아주 못생긴 부인을 맞이했고 다른 쪽은 매우 미인인 여성을 부인으로 두고 있다. 두 남자 모두는 상당히 조심스러운 마음으로 보살피는데 둘 중에서 어떤 이가 비난을 덜 받을까? 또 다음 주제와 관련하여 세 명의 인물이 등장하는 논쟁시가 있다.[26] 왕은 다음과 같은 권력을 갖고 있다. 1° 인색한 부자에게 후한 인심으로 은혜를 베풀도록 하는 의무를 지울 수 있다. 2° 관대한 주군이 하사품을 분배하지 못하도록 할 수 있다. 3° 이미 신에게 자신을 바친 사람을 세상 속으로 들어와 살도록 명령할 수 있다. 이 셋 중에서 가장 측은한 것은 무엇인가?

논쟁시를 쓰는 작가는 종글뢰르 혹은 트루바두르에게 다음과 같은 주제를 제안했다. 당대 성직자가 알 수 있는 모든 예술을 철저하게 경험하든지 혹은 사랑의 기술을 완벽하게 아는 정통한 전문가가 되든지. 이 두 주제는 두 명의 트루바두르에 의해 뛰어난 필치로 다루어졌다. 과학을 삶의 전부로 생각하는 이들은 여성이라는 존재가 '해적선'보다도 더 상대방을 기만하는 사기꾼이라고 확신하기 시작했다. 이와 관련하여 저 유명한 사례가 있다. 다비드와 삼손 그리고 솔로몬이 그 예다. "난 당신을 동정하네. 라이벌이 답한다. 당신은 결국 미치고야 마는 많은 학자들처럼 청각과 시각을 고통스럽게 만들 '일곱 개

---

26) 뒤에 나오는 두 편의 논쟁시는 기로 리키에르의 작품임_저자.

의 예술'(당대 최고의 학문인)과 더불어 슬프게 살아갈 것이네." 그에 따르면 선택은 이미 예정되어 있다. 그는 시와 사랑이 약속된 즐거운 삶을 더 사랑한다.

결국 여기에 두 명의 트루바두르인 기로 드 살리냑(Guiraut de Salignac)과 페로네(Peironnet)가 함께 탕송시를 통해서 다룬 문제가 있다.

"눈 혹은 심장 중에서 무엇이 사랑을 최고로 유지할 수 있게 돕는가?" "한 트루바두르는 눈이라고 답한다. 심장은 눈의 판단에 따르기 때문이다. 눈은 무엇보다도 심장에게 메시지를 보낼 뿐이다." "라이벌은 심장이라 답한다. 사랑을 최고로 유지할 수 있는 것은 심장 안에서이다. 심장은 멀리 보고 눈은 가까이 있는 것만 보기 때문이다." 이 논쟁시의 마지막 절은 인용되었다. "페로네 주군이여, 명문가 출신인 모든 남자는 당신의 선택이 나쁘다는 것을 인정한다네. 모든 사람들은 심장이 눈의 주군임을 알고 있고 어떤 방식으로든 들었다네. 사랑은 만약 심장이 동의하지 않으면 눈에서 나오지 않는다네. 반면 눈이 없다면 조프르 뤼델이 한 번도 본 적 없는 머나먼 곳에 있는 여자 친구를 만들었듯이, 심장은 현실에서 결코 볼 수 없는 것도 사랑할 수 있다네." "기로 주군이여, 만약 내 귀부인의 눈이 나에 대해 적대적이라면 심장의 역할은 별로 중요하지 않다네. 그러나 만약 그녀가 나를 상냥한 눈으로 바라본다면 그녀는 내 심장을 차지하는 것이고 그 사랑은 강력하게 유지될 것이네. 여기에 심장이 갖고 있는 힘과 대담성이 사랑과 연관이 있다네. 눈에 의해서 사랑은 심장으로 내려오고 눈은 언어의 유쾌함으로 말을 하며 심장은 감히 말을 할 수 없기 때문이지."

이토록 미묘하고 우아한 토론의 결과는 프로방스의 피에르프(Pierrefeu) 성의 한 귀족 부인에게 보내어졌다. 논쟁시가 이 장르에서 결과적으로 보내어지는 것은 흔하지 않았다. 논쟁시도 당대 궁정사회의 산물이었다. 논쟁시는 이 궁정사회의 메아리로서 남아 있다. 조금은 가냘픈 틀 속에서 논쟁시는 정중한 세련미 혹은 합의하의 사랑으로 부활했다. 우리는 서너 명의 등장인물이 나오는 논쟁시에서 살롱 코미디 장르의 머나먼 기원을 볼 수 있다.

전원시(la pastourelle)

전원시와 함께 우리는 첫눈에 봐도 민중에게서 태어난 것 같은 장르에 드디어 도달한다. 여기, 그 이유가 있다. 여행하는 동안에 시인은 목동, 즉 연인을 만난다. 그녀는 젊고 상냥하며 자신의 양떼를 지키면서 꽃으로 엮음 장식을 하거나 노래를 부른다. 시인은 그녀에게 정중하게 인사를 하고 몇 마디 칭찬을 건넨 후에 사랑을 바친다. 대화는 서로 이어지고 그녀는 시인에 대한 환상에 빠져 사랑으로 발전한다. 처음과 결말은 오로지 관례적이다. 가장 오래된 트루바두르의 작품 중에 한 편을 예로 가져온다. 마카르브뤵이 이 장르를 보여줄 것이다. 그는 말을 타고 가다가 한 여성 목동을 만났다.

> 난 그녀를 향해 내 말(馬)을 밀었다네.
> "내가 멈출 수 없을 정도의 미인이여,
> 당신의 머리를 헝클어뜨리는 키스!
> - 주인님, 농노가 내게 답하네,
> 바람이 호흡하고 나를 화나게 한다면

난 내 유모 젖의 덕을 입었네.
조금도 내가 고통을 느끼지 않도록.

- 당신 어머니를 욕하지 않은 채
아름다운이여, 성숙해야 했구려.
어떤 기사는 아버지였고
역시 비열한 궁정에서
당신의 시선은 미소구려.
내가 당신을 보는 이상, 내가 탄식하는 이상
당신은 지나치게 인간이 아닌 듯하니

- 아니, 아니에요. 주인님, 저는 딸일 뿐이에요.
여느 가정의 가족들처럼
반달 모양의 낫만을 다루어요.
혹은 곡괭이, 농노가 말하네.
난 그녀의 혈통을 찬양하는 이를 알지.
그리고 그들의 혈통을 따라야만 하는 이도
한 주에 육일 혹은 칠일을.

- 아름다운 만큼이나 여성인 소녀,
내가 섞으려고 할 때 난 조금 알지.
역도(逆徒)를 길들이는 것
우린 그러한 농노들과 더불어
정직하고 성실한 사랑을 하지.
당신은 이미 나에게 더 소중하지
가장 귀족적인 성주보다도.

- 한 남자가 머리가 돌았을 때,
멈춘 것은 헛된 맹세인가요?
한 단어 그리고 당신의 입은 준비되었는데,
농노의 발에 입을 맞추며
내가 원하는 것을 당신은 아시나요.

당신의 마음에 들기 위해 훌륭한 주군을 잃어도
가장 확실한 건 나의 풍요로움일까?"27)

이 번역의 저자는 주목한다. 등장하는 여자 농노는 밭에서 일하는
여성 치고 '몹시도 재치가' 있다. '산울타리의 길이가 아니라 가스코
뉴 지방도 동시에 관통하는 그토록 가볍고 아이러니로 꽃 장식을 할
정도다.' 이 시는 대부분의 전원시가 할 수 있는 고도의 성찰을 보여
준다. 민중적인 장르일 수 있으나 일찍부터 그 특징을 잃어버렸다.

게다가 이 장르가 어떻게 트루바두르들이 썼던 세련된 사회의 마
음에 드는 행운을 가질 수 있었을까? 우리가 추정하기로는 본원적인
단순미 때문이 아닐까. 또 그들이 낯선 느낌으로 연출을 한 듯 목동
애인은 마르카브뤵의 작품에서처럼 그들 문학의 처음부터 끝까지 출
현한다. 목동은 그들에게 지난날의 여인이다. 일반적으로 덕망이 있
고 교태를 부리는 이들이다. 칭찬에 귀 기울이고 점잖음을 받아들이
지만 그들의 대상인 화자를 놀리는 것으로 언제나 종결된다. 그곳에
도 여전히 관례라는 것이 있다. 이 시 구상의 주된 매력은 표현되는
감정의 단순미와 순진무구함도 아니고 전원의 그림에서 오는 것도 아
니다. 바로 특히 작가가 극적인 장면을 부여할 수 있는 전원시의 대화
형식에서 나온다. 흡사하여 논쟁의 관점에 가까운 것은 논쟁시다.

---

27) 장로이(M. A. Jeanroy)의 번역, 『기원(Origines)』, p.31.

로망스(la romance)

전원시와 가까운 장르가 로망스다. 특히 북프랑스 문학에서 두 장르의 가까움이 드러난다. 로망스는 대화의 형태로 구성되었으며 시인이 사랑의 모험에 관해 이야기한다. 따라서 내용으로 인해 로망스는 서술적인 특징을 갖는다. 그러나 형태로 보면 서정시에 속하고 특히 대화구조는 전원시에 가깝다. 북프랑스의 오일 문학에서 그 예들이 상당히 많다. 반면, 남프랑스의 음유시인인 트루바두르의 시에서는 드문 편이다.

이렇듯 트루바두르의 시에서 드물고 희박한 것은 아주 유감스러운 일이다. 만약 우리에게 남겨진 로망스의 표본들로 판단한다면, 제일 좋은 작품들은 가장 가치 있게 인용된 전원시처럼 가스코뉴 출신의 트루바두르인 마르카브뤵의 작품이 있다. 여기에 두 편 중의 한 편의 번역본이 있다. 이 시는 12세기 중반에 작성된 것으로 요동치는 감정들의 메아리처럼 보이고 십자군으로 참전한 친구의 아름답고 젊은 부인을 향한 사랑에 관한 이야기다.

> 과수원 샘물에 수풀은 자갈 위에 초록빛을 드리우고 아름다운 나무들의 그늘 아래 내가 새로운 노래와 하얀 꽃들을 찾는 동안에 난 동료 한 명 없이 위로를 원치 않는 혼자였네.

> 주군의 딸이여, 아주 아름다운 신체를 가진 아가씨였네. 기쁨을 유발하는 새들과 녹엽처럼 그녀는 내 농담을 듣고는 갑작스레 얼굴빛을 바꾸었네.

그녀는 눈에 가득 눈물을 흘렸고 심장의 밑바닥에서 탄식
했다네.

"하느님, 그녀가 말하네. 세상의 왕이시여, 나의 고통을 믿
는 건 당신을 위해서요. 최고의 병사는 당신을 섬기기 위해
떠났기 때문이요."

"내 부드러운 친구, 잘생기고 용감한 친구를 떠났던 것은
당신을 위해서요."

"회한과 눈물만이 내게 머무르네. 아! 프랑스 왕 루이의 불
운이여, 내 심장으로 들어온 애도."

내가 절망하는 그녀를 봤을 때, 그녀 곁에서 맑은 개울을
보았네. "아름다운 귀부인이여, 내가 말하길, 너무 많은 눈
물은 얼굴을 상하게 하고 얼굴빛을 앗아간다네. 당신을 절
망시키면 안 되지. 숲에서 나뭇잎을 주는 이는 또한 기쁨을
돌려줄 수 있다네."

"-주군이여, 그녀는 말한다네. 그가 다른 어부만큼의 동정을
갖는 것처럼 다른 세상에서는 하느님이 나에 대해 측은함을
가질 것이네. 그러나 기다리면서 그는 내게 기쁨을 만드는
이를 매료시킨다네."

여명의 노래(l'aube)

이러한 열거법이 완전하지는 않을 깃이나. 만약 우리가 트루바두
르의 가장 우아한 다른 장르들 중의 하나를 인용하면서 종결한다면
말이다. 그것은 바로 여명의 노래, 즉 여명시(詩)다. 그 이름은 각 시의
절에 나오는 '여명'이라는 단어에서 유래되었다. 내용의 특징을 살펴

보면 로미오와 줄리엣의 상황을 연상시키는 것으로 충분하고 나이팅게일 새가 곡조 있는 노래를 부르며 그들에게 아침이 다가옴을 알린다. '여명시' 속에서 밤꾀꼬리의 노래는 동료의 안전을 위해 밤새도록 밤을 지새우는 헌신을 마다않는 충실한 친구의 목소리를 대변하고 있다.

이 낯선 상황에서 시인은 프로방스 문학에서 가장 유명한 '여명시' 중의 한 편에 대한 번역을 통해 볼 수 있는 것처럼 행복한 노력을 할 줄 알았다. 신을 향한 기도와 봉헌하는 것부터 시작한다. 위대함과 위엄을 잃지 않고 만약 그 상황에서 이교도의 이루 말할 수 없는 내용을 꿈꾼다면 드러내기도 했다.

영광스런 왕, 빛으로 가득 찬 왕.
전지전능한 하느님, 난 당신의 다정함을 간청해요!
내 친구에게 충실한 도움을 주었네.
어제 저녁, 그가 그녀를 위해 날 떠났네.
그리고 난 동이 트는 것을 본다네.

잘생긴 동료여, 당신은 너무 오랫동안 잠을 자는구려.
깨어나세요, 친구여 당신을 기다리네.
아침에 난 불어난 별을 보기 위해서지.
동방에서도 난 잘 알아본다네.
그리고 난 동이 트는 것을 바라보지.

잘생긴 동료여, 난 노래를 부르며 또 부르네.
더 이상 자지 마세요, 여기 우리는 들어요.
새가 작은 숲에서 낮을 찾아다녀요.
난 당신을 위해 질투의 분노를 두려워한다네.

난 동이 트는 것을 보게 되니까.

잘생긴 동료여, 태양은 희게 물들이고
당신의 창문, 그리고 또 당신을 부르네.
당신이 그를 보고, 충실함은 나의 메시지요,
내가 애석함을 두려워하는 건 당신을 위해 유일한 거요,
난 동이 트는 것을 보니까.

잘생긴 동료여, 난 당신에게서 멀리 떨어져 밤을 지새우네.
밤새도록 난 무릎을 꿇었네.
하느님에게 열렬한 기도를 했다네.
당신을 위해 다시 떠오르는 여명을 보게 해달라고.
그리고 난 동이 트는 것을 보네.

잘생긴 동료여, 내게 말을 하는 건 당신이요,
층계 위에서 쉬지 않고 밤을 새우네.
여기 그러나 당신을 사랑함을 잊어버리고,
당신은 나의 샹송과 나 자신을 무시하네.
그리고 난 동이 트는 것을 보네.

난 그렇게 좋네, 친구여. 내가 바라는 건
결코 태양이 떠오르지 않는 것!
가장 아름다운 신체는 어머니에게서 나온 것
나의 팔에 안긴, 그리고 난 전혀 불안해하지 않아
질투든 여명이든.[28]

　프로방스 문학에서 이 장르는 15여 편의 시가 남아 있다. 가장 오
래된 시는 라틴어로 직혀져 있으며 후렴구만 프로방스어로 되어 있
다.[29] 우리가 이전 문학에서는 흔적을 찾을 수 없었던 이토록 낯선

---

28) *Ibid.*, p.80.

이 장르는 어디에서 왔을까? 다른 장르와 마찬가지로 민중에게서 태생적 기원을 찾을 수 있을까 혹은 학자에 의한 학문적 출처를 통해 알아내야만 할까?

만약 우리가 특히 조금 전에 인용한 시처럼 프로방스의 여명시(詩)만을 알고 있다면 스스로에게 묻지 않을 수 없을 것이다. 이 장르는 귀족 사회의 산물이 아니며 중세 궁정사회의 것도 아니다. 그러나 이 시보다 더 오래된 다른 형태의 시들이 분명 존재한다.

그 노래는 언제나 충실한 친구나 아침이 시작됨을 알리는, 성(城)에서 아주 중요한 인물인 야경꾼에 관한 내용이 아니다. 그 역할은 민중의 새 특히 종달새와 밤꾀꼬리(나이팅게일)에게 마음을 때때로 털어 놓는다. 이 주제는 대부분 나라의 민중시에서 발견되었다. 여기서는 여명시의 기원에 대해 불필요한 토론을 이어가지 않고 대부분 비평가들이 인정했던 것처럼 여명의 노래는 민중이 기원인 중요한 여러 요소들로 구성되어 있다는 점이다.

우리는 본래의 형태에서 가설을 해볼 수 있다. 따라서 문학의 초기에는 그랬을 것이다. 그 시가 이미 그들의 기원과는 멀리 떨어졌을 때, 인용될 만큼의 가치가 있는 장르로만 판단했기 때문이다. 가장 민중적인 그들 시의 최고봉은 결코 알려져 있지 않다.

---

29) 바티칸(필사본의 명칭)의 2개 국어로 된 여명시에 관한 최근 연구는 샤바노의 기념 논문집에 나오는 드쟈느 박사의 연구로 그 논문에서 본 주제의 참고문헌이 포함되어 있음_저자.

7. 기타 장르들

위에서 언급한 주요 장르들인 샹송, 정치풍자시, 논쟁시 그리고 부분적으로 전원시와 여명의 노래는 트루바두르들이 다루었던 유일한 시 장르는 아니다. 특히 쇠퇴의 시기에는 봇물 터지듯 다른 장르의 시들도 창작되었다. 아침을 노래하는 여명시와 반대로 저녁을 노래하는 세레나(serena)도 있었다.[30]

전원시는 주요역할을 하는 인물의 이름을 드러냈고 시에 등장하는 인물의 직업을 따라 다양한 이름을 부여하며 시 편을 구상했다. 전원시의 '연인'은 암소 혹은 기러기를 수호자로 대체할 수 있었다. 그 점은 장르의 새로운 다양성을 형성한 것이었고 새로운 이름을 취했던 것이다. 여기에서는 이러한 실없는 장난을 그냥 내버려두자. 이는 쇠퇴시기에 죽은 장르를 어설프게 다시 살리려는 시도인 시인들의 장

---

30) 세레나의 예는 한 편밖에 없음. 기로 리키에의 작품임_저자.

난, 놀이이기 때문이다.

그러나 프로방스 시의 황금시기조차도 대(大) 장르 옆에는 부차적인 장르가 존재했었다. 트루바두르는 예를 들어 그들이 그녀와 헤어질 때 그들의 여성에게 알리는 시를 지칭하기 위한 이름을 가지고 있었는데 그것은 '작별'(le congé)시였다. 다른 부차적인 장르는 '변명 혹은 변호'(l'escondig) 시인데 그 단어는 내용에서 충분히 드러난다. 슬픔을 잘 드러내기 위해 혹은 공유되지 않은 사랑의 감정을 경험한 분노를 트루바두르는 '부조화, 불일치'(descort) 시로 구상했다. 다시 말해 꽤 자유로운 곡조와 리듬을 가진 서정시이며 이러한 무질서한 구성은 영혼의 상태를 나타냈다.

트루바두르인 랑보 바케라스(Rambaut Vaqueiras)는 여전히 잘 드러냈었다. 그는 다섯 언어 혹은 방언으로 된 '부조화, 불일치' 시를 시의 절로 썼다. 마지막 절은 각 언어로는 2편 10개의 행으로 구성했다. "도입 부분에서 언급하길 얼마나 나의 여성의 사랑이 변했는지를 더 잘 나타내기 위해 난 어휘들과 곡조 그리고 언어를 부자연스럽게 불일치시킨다." 따라서 불협화음과 횡설수설은 사랑이 표현할 수 없는 것을 말해야 하는 임무를 지녔던 것이다.[31]

연구하기에 더 흥미로운 장르는 당스(danses), 두블 당스(danses doubles),

---

31) 랑보 바케라스의 불일치 시는 6개의 절로 구성되어 있음. 첫 번째 절은 프로방스어로 두 번째는 이탈리아어(제노바어)로 세 번째는 프랑스어로 네 번째는 가스코뉴어로 다섯 번째는 포르투갈어로 되어 있음_저자. (Cf. sur le dernier point Carolina Michaelis de Vasconcellos, dans le Grundriss de Grœber, II, B, p.173, Rem. 1).

발라드(ballades), 에스탕피(estampies)처럼 다른 서정 장르이다. 이 장르들은 민중적인 특징을 더 잘 유지한 것처럼 보인다. 아이들의 론도(ronde)와 여전히 닮은 후렴구가 있는 익명의 당스 혹은 발라드가 있다. 그러나 이 장르들의 예들은 아주 소중하긴 한데 비평하기에는 매우 드물었기 때문에 짧은 언급 이상으로 가치가 있을 것이다. 우리는 이미 앞에서 형식을 묘사한 다섯 유형(상송, 정치풍자시, 논쟁시, 전원시 그리고 여명의 노래)의 주요 장르를 인정한다.

그러한 점은 큰 테두리에서 보면 트루바두르의 시가 움직이는 틀과 같다. 그 틀은 겉보기에는 가느다랗고 보잘것없다. 큰(大) 장르들은 적어도 현대 비평이 자격을 주었고 예외였었다. 그러나 간결하고도 장중한 문체의 시를 통해 우리에게 가르치는 바는 좋은 소네트의 가치와 우리 동시대 시인들 중에서 한 명의 명성으로도 충분하다는 점이다. 따라서 이러한 역량 측면에서 트루바두르를 판단하자. 그들을 통해 어떤 장르들을 알지 못한 것을 비난하지 않고 그들이 창작하는 작품에 대해 양립할 수 없는 노련함으로 다룰 수 있는 장점을 만들자.

특히 현대문학 초기에서 시 형식의 가치를 이해하는 것과 필요성을 주장하는 것 그리고 규칙과 법을 부여하는 것에 우선적으로 영광의 타이틀을 만들어주자. 그것은 그들이 창작한 예술의 개념이 문학 속으로 들어간 것의 증명이기 때문이다.

다른 규율에도 불구하고 덜 크지 않은 장점은 그들이 시의 형식에서 그토록 새롭고 창의력이 풍부했으며 이웃 문학은 곧 그 시의 형식을 차용했다. 사람들은 궁정 연애의 이론을 연구하면서 더 잘 이해하게 되었다.

궁정 연애(l'amour courtois)[1]의 견해. 연애학 강의

1) 중세 궁정 서정시라고도 하며 귀부인을 대상으로 시를 읊조리며 불쾌감을 주지 않는 선에서
   유혹하는 방식으로 창작된 문학으로 1883년에 중세시를 연구하던 역사학자인 가스통 파리스
   (Gaston Paris)가 만든 용어임_옮긴이.

1. 궁정 연애의 교리: 특성

프로방스의 옛 시는 초기부터 심오한 독창성[2]이 그 특징이다. 내용과 형식의 독창성이 아니라 이전의 시들과는 전혀 닮지 않은 독창성이다. 시의 형식은 완벽하지만 그리스 혹은 로마의 클래식 시를 모방한 모델은 아니었다. 초기 트루바두르들이 표현한 시적 사고와 감정은 어떤 모방도 드러나지 않았다. 이 시는 철저하게 그 시 자체에 의해 살아남았고 그 어떠한 차용도 없었다. 이러한 독창성은 한 연약한 요소에 의해 끝나 버렸지만 우선은 강력한 힘을 만들었었다.

프로방스의 옛 시는 특히 트루바두르들이 사랑을 노래한 개념 속에서 드러났다. 현대 문학에서는 초기 트루바두르가 이러한 열정에서 영감을 받은 감정을 빛이 나도록 표현할 줄 알았음을 언급한다.

___

2) 다음 페이지는 「프랑스의 수성(le Mercure de France)」지에 게재된 논문임. 1906년 6월_저자.

그들은 사랑에 대한 감정을 수많은 모방자들에게 건네줬다. 프랑스, 이탈리아, 포르투갈 시인들과 독일 시인들에게까지 전해졌다. 현대 주요시들의 태생적 요소에서 발견할 수 있는 이론을 재구성하는 것이 중요하다.

우리는 알려진 최초의 트루바두르인 푸와티에 백작 기욤에 대해 어떠한 것도 말하지 않을 것이다. 기욤은 아주 즐겁고 쾌활한 성정을 가진 사람으로 그가 창작한 시들은 그 지방 이외에서도 증거로 남아있다. 만약 뒤따른 트루바두르들이 그에게서 사랑의 개념을 빌려왔다면 그들은 거의 관능성을 추가하지는 않았을 것이다.

말하자면 기욤의 몇몇 샹송에서 나타나는 잔인성 같은 관능적 쾌락 말이다. 고귀한 가문의 기욤은 아주 빈번하게 자신의 종자(從者)들이 교육을 가장 잘못 받은 것처럼 말하곤 했다. 그는 12세기의 위대한 트루바두르가 만들었던 사랑의 개념을 별로 중요하게 생각하지 않았다. 예를 들어 그와 베르나르 드 반타두르 혹은 기로 드 보르넬 간의 큰 차이가 있었다.

그러나 마지막 작품을 발간한 발행자는 다음과 같은 사실을 보여주고 있다. 디에즈(Diez)에 따르면 관례적인 사랑의 주요 특징들은 클래식 시대에 트루바두르들이 품었던 것처럼 이미 최초의 트루바두르에게도 배아가 싹트고 있었다. "일종의 신비한 찬미는 사랑의 이유이자 대상인 사랑받는 여성을 향하고 사랑 그 자체는 이미 기쁨이라는 이름으로 지칭되었다. 시인이 명예스럽게 읊조리는 열광적인 찬가는 가장 성공적인 작품들 중의 한 편이며 사물과 어휘의 존재를 자연스럽게 유추할 수 있다."[3]

여기에 이 찬가의 몇몇 절이 있다.

환희로 가득한 난 빠져들고 싶은 대상에게 기쁨을 주는 걸 좋아한다네. 난 기쁨이 다시 돌아오길 원하기 때문이지. 내가 할 수 있는 최선의 것은 가장 완벽한 대상을 찾는 것이라네……

결코 인간은 이러한 기쁨도 원하는 것도 욕망도 또 생각만으로도 환상으로도 그 형체를 표현할 수 없으니, 그러한 기쁨도 동등하게 발견할 순 없고 당당히 어울리게 원하는 이도 단 일 년 동안을 머무를 수는 없네.

모든 기쁨은 사랑의 대상 앞에서는 비굴하게 되네. 모든 귀족은 기분 좋은 시선, 우아함, 사랑스런 환대로 인해 나의 귀부인에게 한 발자국을 양보한다네. 사랑의 기쁨을 소유하는 데 성공하는 이는 100년을 산다네.

그녀가 주는 기쁨으로 질병은 치유될 수 있고 분노는 가장 건강한 것을 죽일 수도 있다네. 그녀로 인해 배운 가장 현명함은 광기로 죽을 수도 있고 가장 아름다움도 그 아름다움으로 잃어버릴 수 있다는 지혜라네. 가장 우아함은 비열하게 되기도 하고 가장 비천함은 고상하게 될 수도 있다네.

---

3) Cf. 『푸아티에 백작, 기욤 9세의 시(Poésies de Guillaume IX, comte de Poitiers)』, éd. Jeanroy, Paris, 1905.

2. 사랑은 하나의 숭배다

우리는 클래식 시기 동안에 궁정 연애의 교리가 결정적으로 고착되었음을 트루바두르의 작품을 읽으면서 알 수 있다. 그러나 이 시는 기욤 드 푸와티에의 작품 속에서 예외적인 형식을 갖고 있으며 그의 후계자들은 진정한 교리를 찾아야만 했다. 바로 여기에 주요 특징들이 있다.

트루바두르들의 궁정 연애시(詩)에서 사랑은 일찍부터 하나의 숭배이자 하나의 종교였다. 사랑에는 법과 권리가 있으며 서로서로 사이에는 완전한 연인이 되기 위한 일종의 규율이 있는 것이다. 그 규율은 엄격하고 엄중한 법이다. 그들은 규율에 복종해야만 한다. 위반하면 위험에 빠지게 된다.[4]

---

4) 사랑스러운 봉신(vasselage amoureux)에 관해 다음 논문을 참조할 것. cf. M. e. Wechssler, *Frauendienst und Vassalität, dans Zeitschrift für französische Sprache und Litteratur*, XXIV, 1, 159-190.

3. '봉건적 의무'를 모방한 '사랑의 의무'

연인 관계는 봉건 군주와 봉신(封臣)처럼 서로 마주보는 사랑으로 행동한다. 기사의 의무가 존재하듯이 사랑에도 의무가 존재한다. 연인은 사랑받는 이 혹은 전형적인 사랑의 충신이 된다. 연인은 명령에 순종하고 장난을 덜 치며 의지로 행동한다. 트루바두르의 시 속에서 연인이 된다는 것은 기사처럼 서약을 통해 맹세하는 것이다. 우리는 시대 관습에 맞추어 부가된 이 장르에 대한 서약의 엄정한 관계를 받아들여야 한다. 기사만큼은 아니지만 연인은 노예가 아니며 귀족의 품위를 유지해야 한다. 그러나 봉신이기도 하며 신체와 영혼이 어떤 누구에게도 설명하지 않고 마음대로 일을 처리하는 주군에게서 독립적이지 않았다. '사랑스런 봉신'은 프로방스 트루바두르들이 창작해 낸 것으로 당대 사회 상황을 나타내며 이 표현에서 등장하는 두 용어인 봉건군주와 봉신은 이 시대의 관례와 정신을 특징짓는다.

따라서 베르나르 드 반타두르는 자신의 귀부인에게 이렇게 말한다. "귀부인이여, 난 당신의 신하, 언제나 당신을 섬기는, 말(言)과 서약으로 맹세한 당신의 신하요." 페르 비달은 관례적인 과장된 표현으로 자신의 귀부인에게 이렇게 말한다. "난 당신의 재산, 당신은 날 팔거나 날 남에게 줘버릴 수도 있어요." "난 당신에게 속해 있어요. 당신에게 선언하는 바요. 당신은 날 죽일 수도 있어요. 만약 그것이 당신의 기쁨이라면." "참을성과 조심성 있게 네 번째로 건네는 말은 난 당신의 봉신이고 당신은 나의 주군이라는 것이오."5)

단번에 여성의 봉신이 되는 것은 아니었다. 편력하고 수행해야 하는 수습의 정도인 단계가 있었던 것이다. 트루바두르의 어휘 속에는 다양한 단계에서 연인을 가리키는 여러 단어를 가지고 있다. "사랑에는 네 단계가 있어요. 첫째는 탄식의 단계, 두 번째는 애원의 단계, 세 번째는 사랑스러운 단계, 네 번째는 연인의 단계가 있지요." 이 마지막 어휘인 '연인'이란 사랑스러운 트루바두르의 시적 오마주를 귀부인이 승낙한 것을 꼭 의미하지는 않았다. "그로부터 일반적이면서 가장 흔한 입맞춤을 통해 사랑에 충실하겠다는 맹세를 받은 귀부인은 처음이자 마지막이었다."6)

그러나 연인에게서 겨우 얻게 된 은혜도 부러워하는 이와 질투를 하는 이로 인해 유지하는 것이 힘들었다. 연인을 향한 지속적인 의무가 있어야 연애는 유지되는 것이었다.

---

5) Cf. Diez, 『트루바두르의 시(Poesie der Troubadours)』, p.127.

6) A. Restori, *Lett. prov.*, p.52.

4. 신중함과 가명(假名) 그리고 트루바두르(troubadours)가 바치는 오마주의 대상은 기혼 여성

연애에 있어 신중함은 반드시 필요한 첫 덕목 중의 하나다. 쳇, 귀부인을 위험에 빠트리는 무례한 연인이 샹송에 등장하는 것! 서투른 경솔함은 그 어떤 사랑의 성공도 담보해주지 않았다. 또 사랑받는 귀부인은 일반적으로 언제나 명백하게 알 수 없는 가명으로 지칭되었다. 그것은 기술적으로 표현하기 위한 일종의 신호였다.

환상과 상상으로 트루바두르는 가명을 선택할 수 있었다. 그러나 이 이름들은 우리가 예상하듯이 종종 가장 우아하고 가장 의미 있는 이름들 중에서 선택되었다.

베르나르 드 반타두르는 자신의 귀부인을 때론 '아름다운 외모', '연인', '트리스탄'이라고 불렀다. 동시대인들의 빈정거림을 받음과 동시에 현대 주해자들의 감탄을 동시에 받는 이름들이다.

리고 드 바르베지외는 지속적으로 자신의 귀부인을 '최고의 부인', '더할 나위 없는 왕비'의 이름으로 기술했는데 우리는 동시대 소설의 제목을 연상할 수 있다. 베르트랑 드 보른은 사랑하는 여성을 '가장 선한' 혹은 '아름다운 거울'로 불렀다. 가명 중에는 '다정한 위로', '좋은 이웃', '미남 기사', '나의 종자', '미남 주군'도 있었다. 마지막 트루바두르는 자신의 귀부인을 '아름다운 기쁨'이라 불렀다. 이러한 관례는 기욤 드 푸와티에로 거슬러 올라가는데 끊임없이 관찰된다.

트루바두르는 결혼한 기혼여성에게만 찬미와 경외감을 바쳤다. 프로방스의 시에서 젊은 여성에 대해 사랑을 노래하는 것은 완전히 예외적인 일이었다. 이런 관습은 우리에겐 낯설게 느껴진다. 그러나 당대 관례를 따르는 풍속이었다.

유일하게 결혼한 여성들만이 기사들에게 이상화될 수 있었던 것이다. 기사들의 오마주처럼 시인들의 존경, 경외감도 기혼 여성에게 한정되었다. 또 우리는 사회의 이런 상황을 이해할 수 있다. 주군의 부재 동안에, 즉 종종 의무로 혹은 야망 때문에 전쟁터로 파견을 나가 있는 동안에 주군의 부인은 봉신의 시선에서는 봉건적 권력을 대표하는 인물인 것이다. 그 귀부인은 님편인 주군을 대신해서 커다란 역할을 할 수 있는 것으로 보였는데 예를 들어 오랑주의 기욤에게는 전설로 내려오는 배우자인 기부르그(Guibourg)가 있는데, 남편이 부재했을 때 사라센(Sarrasin)에 대항해서 도시를 방어했다. 오히려 젊은 여성은 당대 사회에서는 덜 중요한 위치를 차지했고 그 어떤 역할도 없었다. 트루바두르의 시를 이해하기 위해서는 이러한 관습을 기억해야만 한다.

5. 필수적인 덕목인 참을성

신중함과 동시에 당대 사랑의 코드로 필수불가결한 탁월한 역량이 바로 참을성이다. 제한 없고 끝없는 참을성. 많은 트루바두르는 아더 왕을 재현하면서 여러 세기 전부터 기다린 브르타뉴 사람들의 참을성과 비교한다.

당대 가장 우아한 시인들 중의 한 명인 리고 드 바르베지외는 자신의 샹송 중 하나의 첫 부분에서 이러한 생각을 표현한다. "사랑에 대해 알지 못하는 사람은 참을성 있는 연민의 마음으로 기다리지 않는다. 사랑은 참고 기다리는 것을 원하기 때문이다. 그러나 겪은 모든 고통을 만회하는 데는 시간이 별로 없다." 연인은 귀부인에게 자비를 구하고 귀부인은 그에게 연민으로 관용만을 주는 것이다. "참을성은 마술과도 같고 사랑받는 사람의 마음을 열 수 있는 부적과 같다." 최고의 트루바두르들은 '세월의 기나 김과 참을성'의 미덕을 찬양하였

고 참을성 없이 안절부절 못하는 이를 멸시하며 작품을 통해 자주 증언을 한다.[7]

기나긴 시련은 가장 순수한 기쁨의 원천이 될 수 있다. 여기에서는 두 명의 트루바두르들이 흔해 빠진 평범한 이야기를 어떻게 연애시로 일신하는지를 보게 될 것이다.

"축복은 근심이요 슬픔이며 오랫동안 사랑이 나에게 야기한 것은 악(惡)이었다. 참을성 있게 기다림 끝에 오늘날은 내게 다가온 은혜로움에 도취되어 수천 번을 느낌에 틀림없다. 나의 고통에 대한 기억은 부드러운 현재의 행복으로 돌려주었고 난 감히 믿게 되었는데, 고통이 불운임을 느끼지도 못한 채 우린 행복의 매력을 향유할 수 있다."

여기, 거의 유사한 용어로 표현된 한 생각이 있다. "난 널 축복해, 사랑이여, 나를 끊임없이 가혹하게 짓누르는 귀부인을 내가 선택했음을. 만약 내 애정을 감사히 여긴다면 난 찬양과 내가 헌신한 어떤 관점에서의 성실함을 증명할 기회도 없다. 기도와 자비, 희망 그리고 두려움, 샹송 그리고 정중한 예의, 탄식, 애도 또 눈물, 그 어떤 것도 충실한 사랑이 즉시 돌아오게 하는 데 난 이용하지 않았어."[8]

아무리 참을성이 필수 덕목이라지만 꽤 많은 트루바두르들도 틀림

---

7) Diez, 『트루바두르의 시(Poesie der Troubadours)』, p.127.
8) 레이누아르의 번역, 『트루바두르와 궁정 연애(Des Troubadours et des Cours d'amour)』, p.XXII, XXVI.

없이 화를 참지 못했을 것이다. 몇몇은 브르타뉴인(人)처럼 기다림에 지친 사람들도 분명히 존재했다. 따라서 트루바두르들은 여성들의 매 정함을 완화하기 위하여 비극적인 곡조를 선택했다. 그들은 절망한 이를 손쉽게 속였다. "온 세상은 배우게 될 것이다. 당신의 굳게 닫힌 냉혹한 사랑이 어떻게 나를 죽음으로 이끄는지를." 그러나 이러한 한 탄과 협박은 관례에 따르는 일종의 약속이었다. "절망 어린 노래가 가장 아름답지는 않지." 자살은 오히려 드물었다.

우리는 일대기에서 인용된 몇몇 사례 이외에는 어떤 확실한 예도 알지 못한다. 그러나 자료를 통해서 전설은 순간적으로 현실을 만나 곤 한다. 비교적 드문 경우이긴 한데 불행한 트루바두르가 세상과 단 절하고 엄한 규칙 속으로 들어갔다는 내용이다. 우리가 이전 장에서 살펴본 것처럼 그렇게 그들의 삶을 마친 트루바두르들이 꽤 있는 편 이다.

그들이 사랑에 있어 매우 까다로운 것은 아니었다. 그들은 조금 만 족했을 뿐이고 최소한으로 보호했을 뿐이다.[9] 대부분의 트루바두르 가 귀부인에게 간청하는 바는 하인으로서 그들이 귀부인에게 바치는 시적 찬양이 마음에 들기를 바랐을 뿐, 그저 그뿐이었다.

어떤 트루바두르는 그들 욕망의 표현에서 더 정확한 경우도 있었 다. 어떤 요구는 눈에 띄게 순수하고 때론 노골적이었다. 그러나 일반

---

9) Cf. P. Vidal. 레이누아르의 『트루바두르와 궁정 연애』에서 인용, p.XIV.

적으로는 사랑의 맹세가 소심하고 절제가 있었다. 또 관례였다. 그런 규칙을 배우지 못한 연인들은 필수 덕목인 조심성과 참을성을 잊었다. 잊지 말아야 할 점은 사랑받는 귀부인은 어휘의 의미 그대로 '애인'이었고 시인은 호의를 획득해야 하는 신체와 영혼일 뿐이었다.

사랑받는 귀부인이 그의 소망에 승낙해주고 그녀 앞에서 인정받을 때, 사랑에 빠진 트루바두르는 소심하고 세련되지 못한 서투름이 없었을까! 말과 감정마저 잃어버린 경우는 드물었다. 리고 드 바르베지외는 우리에게 인상적으로 알려져 있다. "난 페르스발(Perceval)과 비슷한데 창 시합을 보며 감탄에 사로잡히고 그들이 섬기는 대상에게 요구하지. 내가 귀부인을 보았을 때 부인이여, 당신의 예쁜 신체를 난 감탄하는 걸 잊었소. 난 당신에게 기도를 간청하오. 난 할 수가 없소. 난 꿈을 꾼다오." "트루바두르인 페르 레몽 드 툴루즈(Peire Raimon de Toulouse)가 말하길, 난 당신에게 기도를 간청하오. 귀부인이여, 그러나 내가 당신 곁에 있을 때면 기억을 잃는구려." "내가 알아차렸을 때는 베르나르 드 반타두르가 고백하길, 사람들은 바람에 흔들리는 나뭇잎처럼 두려움으로 떨고 있는 내 얼굴 빛깔과 눈을 본다네. 난 사랑을 쟁취하여 이제 더 이상 아이만큼의 분별도 없다네." "난 그녀를 보았을 때 감히 내 고통을 그녀에게 보여주지 않았지. 자신의 차례가 온 아르노 드 마뢰이(Arnaut de Mareuil)가 말하길, 난 그녀를 사랑할 줄 밖에 모른다네." 트루바두르가 바친 사랑의 고백 중에서 가장 특징적인 것 중의 몇 사례가 위와 같았다. 이것이 유일한 것은 아니다. 사랑의 고백은 특별할 것 없는 흔해 빠진 이야기지만 개인적인 상상이 더해져서 일신하게 된다.

귀부인들과 멀리 떨어져 있는 트루바두르는 감동을 더 주었다. 그들은 덜 신중하고 소심하지 않기 때문인데 완전한 사랑을 위해 욕망을 절제할 줄 모르는 매우 나쁜 태도를 알고 있기 때문이다. 또 이렇게 멀리 떨어져 있음으로 인해 서로의 마음을 달래고 어떤 매력을 발견하는 것이 드물지 않기 때문이다. 트루바두르는 여성과 합치는 공간을 조금도 고려하지 않았던 신비한 관계였음을 추정할 수 있다.[10]

프로방스 시에서 가장 우아한 전형 중의 하나인 베르나르 드 반타두르는 이렇게 표현한다. "귀부인이여, 만약 나의 눈이 당신을 보지 않는다면 내 마음도 당신을 보지 못함을 알아주시오." 이 샹송의 다른 도입부도 유명하다. "부드러운 산들 바람이 당신의 나라를 향해 호흡할 때 난 내 심장을 향하는 친절한 귀부인의 사랑 덕분에 천국의 향기를 맡는 듯했소."

사랑을 유지하기 위한 눈과 심장의 가치에 대해서는 앞 장에서 인용한 예쁜 논쟁시를 다시 한 번 더 여기서 기억해보자. "심장은 먼 곳도 볼 수 있지만 눈은 가까이 있는 것만 볼 수 있다. 대화 상대자 중의 한 명이 말한다. 베르나르 드 반타두르의 편에서 특히 조프르 뤼델은 직접 보지 않고 들은 내용만으로도 먼 곳에 있는 공주에게 열중했다."

'눈'(目)은 프로방스의 시에서 중요한 역할을 한다. 눈으로 '반함'이

---

10) Diez, 『트루바두르의 시(Poesie der Troubadours)』, p.135.

라는 약간 신비한 현상이 시작된다. 사랑하는 대상을 보는 것은 눈을 강타하는 것이고 종종 도취를 일으킨다. 일종의 불가사의한 힘은 심장을 향하고 사랑을 일깨운다.

트루바두르인 에메릭 드 페길란(Aimeric de Péguillan)은 이러한 현상의 다양한 순간을 가장 잘 표현한 이 중의 한 명이다.

> 완벽한 사랑은 만약 눈과 심장이 주어지지 않는다면 당신에게 단언하건대 힘도 권력도 가질 수 없는 것이라네. 눈은 심장의 중개인이며 눈은 심장이 마음에 드는 이를 찾는다네. 눈이 동의를 구할 때 그리고 두 눈과 심장 이 세 곳이 단호하게 하나가 될 때, 따라서 진정한 사랑은 눈이 심장에게 허락한 것의 힘을 끌어당기는 것이라네. 모든 연인들이 심장과 눈에 완벽한 일치를 안다면 눈은 사랑을 꽃피우고 심장은 낟알을 부여하며 사랑은 그 열매를 맺을 걸세.[11]

사랑의 은혜로움에 대해 다음의 용어로 노래했던 이도 에메릭이다.

> 그가 준 기쁨은 슬픔보다 더 크고 선은 악보다 더 크네. 기쁨은 애도보다 더 크다네. 웃음은 눈물보다 더 크고…… 사랑은 비열한 인간을 고결하게 만들고 바보에게 재치를 주며 방탕한 수전노를 만들기도 하고 협잡꾼에게 충절을 주기도 한다네. 광인에게 현명함을 무식한 이에게 학문을 거만한 이에게 부드러움을 주기도 한다네.

---

11) Mahn, Gedichte, n°737.

6. 사랑은 문학 및 도덕적 완성의 원천이 된다

이 개념의 독창성에 관해서는 주장할 필요가 없다. 사랑의 개념이 프로방스 문학의 기원이 되면서부터 줄곧 트루바두르는 문학과 도덕적 완성의 근원으로 사랑을 추구해왔다고 알려져 있다. 기나긴 기다림은 무언의 기다림이 아닌 사랑받는 대상을 소유하고 싶어 하는 마음이다.

시 장르가 명예와 위상을 갖는 사회에서는 시인이 참을성 있게 시의 완벽함에 기대를 건다. 시인에게는 보통의 감정인 영광을 의식하는 이들은 신중하게 권리를 행사한다. 시의 완벽함으로 인해 트루바두르는 엄정함을 숭배하게 되고 귀부인의 사랑이 완화되기를 원했다.

여기, 특징적인 인용이 있다. "난 시간이 걸리지만 온화한 욕망을 기뻐한다. 종종 주군의 노래에 도달하고 꿈을 꾸게 만들기 때문이다……. 나의 기분 좋은 부요함, 다시 말해 시에 관해서는 나를 향한 사랑스런 신체와 사랑일수도 있는 기쁨에 감사할 줄 안다." 이 장르에 대한 고백은 고대 프로방스 문학에서 드물지 않았다.

도덕적으로 완성된 사랑도 원칙이라 말할 수 있을까? 좁게는 관련이 있을 것이고 또 우리가 방금 언급한 개념이기도 하다. 트루바두르는 사랑하는 대상의 완전함을 찬미하기 위해 꽤 강한 용어를 사용하지는 않는다. 귀부인은 은혜를 받은 외모와 아름다움으로 인해 모든 다른 이와 확연히 구별되며 또 도덕적 자질에 의해서도 모범이 된다.

고대 프랑스어로 기록되어 있듯이 그녀는 지혜롭고 '정숙'하다. 사랑과 재치의 모든 타고난 재능은 그녀에게 모여져 있다. "낮의 밝음이 모든 다른 광명을 가져다주듯이 귀부인이여, 당신은 당신의 정중함과 자질에 의해 또 당신의 아름다움에 의해 모든 여성들보다 우위에 있어요."(리고 드 바르베지외)

지금은 트루바두르들이 생각해낸 사랑의 종속 관계를 기억해보자. 완벽하기까지 한 주군의 호의를 얻기 위해 봉신 역시도 완벽함을 추구하지 않으면 안 되었을까? 그리고 트루바두르들은 도덕적 원칙인 사랑에 대해 이성을 가지지 않았던 것일까? 모든 것은 이 이론과 관련이 있다. 연인의 완벽함은 사랑받는 대상의 완전함을 전제로 한다. 이상적인 것 이상으로 높고 그 자체는 커져만 간다. 문학적 완성과 도덕적 완성은 완벽한 사랑의 결과이다. 트루바두르의 개념은 인정받은 것이고 그 결과는 필요한 셈이다.

또 이 사랑은 문란하고 정욕을 앞세운 사랑이 아니다. 순종하는 법이 있고 모든 다른 이들에게 부과되는 최고의 규율로 요약되는데 바로 '정도'이다. '정도'를 갖고 생각하고 말하며 행동하는 것이 다시 말해 지혜롭고 깨달아 성찰하는 것이다. 그것은 완전한 사랑에 도달할 수 있는 이상적인 덕목이었다.

정도에서는 사랑의 규율을 억제하는 모든 의무가 뒤따르고 또 사랑받는 부인과 동정 그리고 특별한 호의로 인정되는 '사랑의 봉사'라 할 만한 미덕을 보여준다. '정도'는 삶을 이끄는 지상 최고의 미덕이다. 또 '기사다운' 사고(思考)에 영향을 받은 것이다. 당대 사회에서 정도는 탁월하고 뛰어난 미덕이다. 떠올려 보자. 올리비에의 현명한 성격과 롤랑의 경망하지만 자부심 강한 성격을 내세운 『롤랑의 노래』를 창작한 작가의 방식을.

그러나 틀림없이 독창적인 이 개념에는 현실과 덜 부합하는 인공적이며 기교적인 부분이 있다. 이 이론은 고대 프로방스 시사(詩史)에서 2세기 동안 계속 이어져온 것으로 면밀하게 관찰되고 과장스러움이 발전한 시적 이론만을 의미하지는 않는다.

우리가 지로 드 보르넬 혹은 아르노 다니엘, 베르나르 드 반타두르가 창작한 가장 아름다운 샹송을 읽을 때면, 우린 프로방스 문학에 관한 최초 역사가인 디에즈와 함께 간신히 종결지을 수는 없지만, 사랑의 열정보다는 환상적인 재치로 표현한 트루바두르들이 품었던 그런 사랑을 느낄 수 있었다는 점이다. "사랑은 예술로 품었고 시처럼 규칙을 갖고 있다." 사람들은 낯선 용어에 혼동이 온다. 사랑은 서정시의 중요 주제로 간주되고 사랑은 또 14세기 사랑의 율법이라 부르는 다시 말해 시를 일컫는 프로방스의 운율론과 문법의 원칙들을 요약한 규율인 셈이다.

7. 트루바두르 리고 드 바르베지외(le troubadour Rigaut de Barbezieux)[12]에게 있어서의 사랑의 교리, 정통성

우리는 혁신적인 것을, 앞에서 요약한 궁정 연애 이론의 핵심을 교훈적인 의미로 계속해서 설명할 것이다. 쇠퇴기의 트루바두르에 관한 연구가 이러한 스케치를 완성시켜 줄 것이다. 관련 자료가 흩어져버린 위대한 트루바두르가 아니라 더 쉽게 발견할 수 있는 '소수 시인'들에게 이 원칙들을 적용하는 것이 더 흥미로워 보인다. 바로 리고 드 바르베지외가 있다.

생통주 출신의 이 트루바두르는 당대 유명한 인물이었는데 정중한 시인으로 남아 있다. 고대 프로방스 문학에는 많은 위대한 이름이 있다. 그러나 가장 매력직이고 가장 은혜로운 사랑스런 감정의 표현을 드러내는 트루바두르들은 많지 않았다.[13]

---

12) 생통주의 소귀족 가문에서 출생한 트루바두르로서 1150년경 출생하여 1215년에 사망한 것으로 추정되며 1140년에서 1163년까지 활동을 하였음_옮긴이.

그의 성공은 훌륭했음에 틀림없다. 우리는 머나먼 시대를 위한 직접적인 증거를 가지고 있지는 않다. 그러나 필사본의 증거가 이를 대신한다. 또 리고 드 바르베지외의 시는 프로방스의 '샹송집'에서 가장 자주 재현된 시다. 프랑스 기원의 필사본뿐만 아니라 이탈리아 필사본에서도 발견된다. 만약 당대 생각을 따르면서 예전의 명성을 되찾길 원한다면 국경을 초월한 영광과 출판을 여러 번 한 명예로움을 언급할 수 있을 것이다.

사랑은 트루바두르들의 교리에 따르면 최고의 호의이고 탄식하지 않으며 모든 것을 지탱하는 것이 가능한 모든 시련에 대해 굳건한 참을성으로 동정을 얻는 것이다. 교리에서 이 필수적인 규범을 무시하는 이를 멸시하는 트루바두르의 소리를 들어보자.

> 사랑에 있어 덜 정통한 이는 묵인하고 기다리는 걸 모른다네. 고통을 준 모든 악에서 회복할 수 있는 사랑이란 시간이 별로 없기 때문이라네. 그렇기에 난 사랑 없이 즐거운 심장으로 살아가느니 총애를 받은 후 죽는 편이 더 나은 이유라네……
>
> 신을 위해, 사랑이 날 즐겁게 만들어주기 전에 당신은 내 죽음의 시간을 앞당기는 기나긴 기다림과 커다란 고통에 대한 보상을 허락할 것이네. 당신의 마음에 든다면, 내가 참고 수용하는 편이 낫고 나의 마음에 들지 않는 것도 참으려고 노력해야 하지. 그토록 사람들이 기다려온 것, 사랑을 난 보고 싶기 때문이라네.

---

13) 리고 드 바르베지외에 관하여 다음을 참조할 것. 「오니스와 생통주의 잡지(Revue d'Aunis et de Saintonge)」 1908년 7월_저자.

리고가 자신의 샹송 대부분에서 전개한 것은 같은 주제이다. 창작이 부족하다고 비난해서는 안 된다. 상상력을 만드는 생각의 범위가 지나치게 넓지 않았던 것은 사실이다. 리고는 대부분의 트루바두르들처럼 사랑의 정통성에 있어서는 희생자다. 여기, 같은 교리를 되찾는 그의 샹송들 중 다른 작품의 번역이 있다.

모든 이는 사랑이 되어 가는 것을 묻는다네. 모두에게 난 진실을 말할 거야. 사랑은 휴식하기, 다가오는 저녁, 도처에 광채가 가득한 것을 보여주고 난 이후의 여름 태양과 닮았다네. 따라서 사랑은 마음대로 찾아다니지 않고 모든 장소를 정처 없이 배회하다 출발지로 다시 돌아오는 것이라네....... 뒤처져 먹이를 보는 매처럼 사랑은 충실하게 사랑했던 이의 마음속으로 들어가는 것이라네.

사랑은 의견 충돌 없이 욕망 없이 그러나 보내지 않고 기다리는 좋은 선(善)이라네. 그리곤 날아가 버린 새를 붙잡는다네. 완벽한 사랑은 모든 장점이 집결된 완전한 아름다움을 지닌 젊은 부인을 염탐하고 관찰하는 것이라네. 사랑은 결국 그가 그녀를 사귀었을 때 서로 속이지 않는 것이지.

난 고통을 참기를 원하네. 고통의 보상으로 우리에게 부여되는 아름다운 기쁨, 고통은 험담가를 이겨내고 과오에서 선(善)으로 만회하는 것. 오비드는 자신의 책 중 한 권에서 말하네. 당신은 그를 믿을 수 있어. 고통에 의해서 우린 사랑의 호의를 얻는다네. 고통으로 많은 가여운 이는 부유하게 되었네. 또 호의를 얻을 때까지 난 고통을 겪어야 할까.

기쁨과 가치는 당신을 아름다움으로 이어주고 귀부인이여, 왜 나의 비탄에 그토록 유익한 약간의 동정을 덧붙이는가? 빛이 없고 기쁨이 없는 목마름으로 죽을 지경인 지옥의 불에 타는 이와 비슷하기 때문이지. 당신에게 자비를 구해요, 귀부인이여.

리고의 구상 중에서 가장 감탄할 만한 것 중의 하나다. 그것은 스물여 편의 필사본에서 재연되었는데 거의 모든 것이 최고였으며 중요했다. 이러한 성공은 우리가 원칙들을 인용할 다른 몇몇 작품들과도 나눌 수 있었다.

어쩌면 논의의 대상이 되는 더 개인적인 노래다. 트루바두르에 의해 다루어지는 일반적인 주제들 중의 하나를 자신의 귀부인에 대한 연민을 불러일으키고 일종의 매력 이상으로 때론 순수하고 단순하며 감동시키는 어휘로 표현했다. 리고는 여인을 감동시키기 위하여 두려움과 순진함을 강조한다. 그는 도움이 필요한 '난파당한 사람'이며 사랑으로 삶을 다시 부여받는 호흡이 없는 존재다.

> 난 맹렬하게 울부짖는 사자와 흡사하네. 아기 사자는 호흡 없이 삶 없이 세상에 왔을 때 그리고 외침으로 부르면서 다시 생존하고 걷는다네. 나의 친애하는 귀부인과 사랑은 날 도울 수 있네. 고통에서 날 치유할 수 있다네.

> 매년 유쾌한 계절 4월과 5월이 오니 나의 아름다운 별은 다시 돌아와야 하네. 사랑은 지나치게 오랫동안 영원히 잠들었었네. 동시에 감히 애원하는 것으로 날 인정하지 않고 나에게 사랑의 힘을 주었네. 아! 위대한 명예로 수줍음과 근심을 내게서 빼앗았네.

> 내가 가진 고상함과 충실함에 대한 대가가 얼마나 훌륭한

가! 또한 동정을 잊어버리지 않는다면 난 기쁘게 책임을 다할 거야! 난파된 범선에서 탈출하여 헤엄을 쳐서 생존할 수 있는 선원처럼 귀부인이여, 만약 당신이 날 도와주신다면 회복될 텐데.

난 슬프고도 기쁘고 내가 노래 부를 때 내가 화를 낼 때면…… 사랑은 나의 심장 안에서 기쁜 사랑과 슬픈 사랑으로 구분되니까…… 웃음과 눈물 중에 귀족적인 특징을 내게 보여주네.

귀부인이여, 가능한 모든 품격이 당신에게 있네. 모든 덕성을 갖춘 귀부인이여, 어떤 것도 놓칠 수 없으니. 만약 당신이 사랑으로 대담하기만 하다면 그 어떤 것도 덧붙일 만한 것이 없으니 당신은 동등하지 않은 채 벽, 성 그리고 온전한 명예, 또 꽃과 아름다움이라네.

동일한 주제의 한 부분은 다음 샹송에서 나타나는데 만일 도입 부분에서 시인이 시의 주제로 사랑의 무관심에 대한 성급함을 한탄한다면 시인은 곧 '자비', 연민만을 기대하면서 자신의 '귀부인'에게 충실한 종이자 공손하고 순종하는 연인임을 밝힐 것이다.

난 알기를 원하네. 만일 사랑이 듣고 이해하길 원한다면. 난 어떤 도움을 받지 않고 충실하게 자비를 구했기 때문이라네. 유일한 동정은 군대 앞에서 나를 지킬 수 있네. 난 희망과 기다림을 주고받길 원하는 기쁨도 천국도 아닌 그렇게 유순하기 때문이지.

모든 인간은 좋은 심장을 지닌 주군을 섬기고 자신의 주인이 선을 행하는 것을 암시하는 이성을 충실하게 기다리네. 완전한 사랑은 이러한 규칙을 배워야만 하네. 재산은 적절하게 배분되고 비난하지 않기 위하여 신의 있고 솔직하며 충실함을 고려한다네.

나의 고통 후엔 기쁨이 오고 기쁨 후엔 커다란 악이 뒤따르며 기나긴 휴식 뒤엔 수고가 뒤따르네. 커다란 호의는 불평 없는 긴 고통에 보답하네. 따라서 사랑은 올바른 길을 뒤따른다네. 충실하게 사랑에 순명하며 떠나지 않고 그것이 바로 이 방식으로 얻는 것이라네.

아름다운 신체를 찬미하기 위해 거울 앞에 선 암호랑이처럼[14] 슬픔과 애통함을 잊어버리듯 내가 열광적으로 좋아하는 이를 볼 때 난 악을 잊어버리고 고통은 경감되네. 어떤 누구도 상상할 수 없다네. 난 내가 획득한 것을 진심으로 당신에게 말할 것이라네. 만약 당신이 짐작하고 이해해준다면.

더 나은 귀부인이여, 참신한 외양에 아름다움과 젊음이 고루 섞인. 솜씨 좋은 사수처럼 그녀는 만약 그녀가 사랑이 담긴 시선으로 기쁨을 내게 돌려주지 않는다면 내가 죽기를 원한 부드러운 죽음을 위해 심장을 향해 정확하게 쏠 것이라네.

난 그녀가 내 영혼과 내 심장의 상태를 알기를 원하네. 그녀는 기다림 속으로 소진될 때 어떤 고통 속에서 충실한 연인이 괴로워하는 걸 배울 것이네.

'충실한 연인', 이 단어는 다른 트루바두르들과 마찬가지로 우리의 시인도 반복하고 있다. 끊임없이 희생과 기도로 얻게 되는 사랑의 이 개념인 충실성은 연인에게 있어서 얻게 되는 필수적인 장점 중의 하나였다는 것을 별다른 노력 없이 우리는 이해한다. 다소간 긴 기다림

---

14) 암호랑이의 습관에 관한 암시는 프로방스의 동물우화집에 나옴_저자.

의 시기 동안에 연인들의 한탄을 시적 재능 혹은 여인의 변덕으로 따르면서 가장 적은 과오도 치명적일 수 있다. 그에게 요구되는 사랑 안에서 평범한 충실성이 아니라 그것은 사랑 이전에 충실성이다.

리고는 충실하게 관찰한 것을 자랑으로 여긴다. 그는 뒤따르는 샹송에서 트루바두르인들의 습관을 견지하면서 부드럽고 겸손하게 그의 무관심을 비난함으로써 자신의 여성을 연상케 한다. 그는 이전 샹송에서처럼 충실한 종임을 고백한다. 그의 귀부인은 군주가 봉신을 만드는 것처럼 마음대로 연인을 다룰 수 있는 '애인'이다.

> 낮의 밝음이 다른 모든 밝음을 능가하듯이 또 당신도 귀부인, 이 세상 모든 여성들을 초월하네. 당신의 아름다움, 당신의 장점 그리고 당신의 고상하고 우아함으로 인해.

> 내가 길에서 감히 멀어지지 않고 좁은 다리 위를 지나가는 나그네와 비슷한 점이 온 마음으로 당신을 섬기고 명예롭게 하는 이유네.

> 올바른 길을 가는 이는 타락하지 않는다네. 또 난 완전하게 안심을 하지. 만약 사랑에 있어 성실함이란 어떤 대가를 감수해야 하네. 난 세상에서 가장 충실한 친구 이상으로 연민을 구해야만 하네. 내 안에는 거짓도 속임수, 기만도 없으며 당신도 결코 그러한 것을 갖고 있지 않기 때문이라네……

> 난 당신을 섬기지. 귀부인이여, 내가 당신을 본 순간부터. 그러나 만일 당신이 날 배신한다면 내겐 어떤 보람으로 돌아올까? 당신에겐 실수이고 내겐 유감스러운 일이겠지. 당신이 한 부분을 갖듯이 세상의 모든 학자들이 유감이란 영

지를 갖고 있는 이에게로 돌아가기 때문이라 말하기 때문
이지. 당신은 날 보호해야 하지, 귀부인이여. 난 당신의 종
이며 다루는 법을 아는 것처럼 당신은 날 다룰 수 있다는
걸 알기 때문이오.

그러나 리고 드 바르베지외(Riaut de Barbezieux)는 전설에 따르면 영
웅이었는데 부정으로 잔인한 처벌을 받았고 완벽한 연인으로서 덜
명예로운 사랑의 모험을 한 인물이다. 소설 같은 그의 전기에 따르면
'성실하고 충실한 연인들', 그의 '귀부인' 그리고 '퓌 궁정'이 그를 묵
인했을 때 그가 자신의 잘못을 속죄하고 싶어 하여 고독을 끌어낸 것
이다. 따라서 이 '퓌 궁정'에게 질문하자. 이곳은 프로방스 문학에서
나타나는 사랑의 궁정 가운데에서 가장 관례적이라고 암시되는 곳이
기 때문이다.

8. 노스트라다무스(Nostradamus) 및
레이누아르(Raynouard)[15]가 말하는 연애 강의

　레이누아르는 연애 강의의 존재를 입증할 꽤 긴 논설에 할애했다.[16] 그 논설은 프로방스 시의 기원으로 거슬러 올라갈 수 있다. 가장 오래된 트루바두르들의 작품에서 그러한 암시를 찾을 수 있기 때문이다.

　레이누아르는 『사랑의 기술』에 관한 13세기 사제 앙드레의 작품에서 증거의 대부분을 차용했다. 이 문서는 결국 '여성에 대한 판결'에서 언급된 어떤 판례를 포함하고 있다. 연애 강의에 관한 쟁점은 가스코뉴에서 나르본에서 샹파뉴와 플랑드르의 백작부인의 궁정에서

---

15) 본명은 프랑수아 쥐스트 마리 레이누아르(François Just Marie Raynouard)로 1761년 브리뇰 (Brignoles)에서 출생하여 파시(Passy)에서 1836년에 사망한 프랑스 역사학자, 문헌학자 및 극작가이며 특히 여러 트루바두르들의 작품을 번역하여 출판함_옮긴이.

16) 레이누아르(Raynouard), 『트루바두르와 궁정 연애(Des Troubadours et des Cours d'amour)』, Paris, 1817.

존재했었다. 노스트라다무스는 꽤 많은 것을 창작했다. 피에르프 (Pierrefeu) 성과 프로방스에 있는 시녀(Signe) 성에서 그리고 아비뇽에 있는 생-레미 근처의 로마넹(Romanin) 성에서 있었다. 피에르프 궁정은 "세계적이고 열린 궁정이며 불후의 찬양으로 가득 찼고 나라의 기사들과 귀족 부인들이 모여들었다."

노스트라다무스의 관습적 상상력으로 법정이 재건되었다. 그는 일원인 여성들을 명명하고 트루바두르에 의해 연상되는 환상 속 인물들에서 인용하여 여성들의 이름을 덧붙였다. 그 이름 속에는 스테파네트, 보 부인, 여조카의 교육을 담당했던 파네트 드 강템, 로레트 드 사드, 로르 드 페트라르크 그리고 우아한 이름을 지닌 다른 귀족 부인들이 있다. 또 이 궁정들은 혼합 궁정이었고 기사들은 일원이 될 수 있었다.

판결은 시의 규율을 따르는데 여기에 몇몇 발췌 자료가 있다. "결혼은 사랑에 반한 합법적 사과가 아니다." "숨길 수 없는 사람은 사랑할 줄 모른다." "어느 누구도 동시에 두 사람에게 애착을 가질 수는 없다." "진정한 연인은 언제나 소심하다." "사랑은 구두쇠의 집에서는 살지 않는 버릇이 있다."

되찾은 판결은 이 원칙들에 따르면 재치도 독창성도 놓치지 않는다. 여기에 나르본의 에르망가르드(Ermengarde) 자작부인의 궁정에 관한 판결이 있다. "가장 커다란 애정과 가장 살아 있는 애착은 연인들 간인가 혹은 배우자 사이에 존재하는가?" 재판소의 판결은 다음과 같다. "배우자 간의 애착과 연인들 사이의 부드러운 애정은 자연스런 감정이며 완전히 다른 관례이다. 따라서 비슷하지도 관련도 없는 대상들을 정당하게 비교하는 것은 성립될 수 없다."

다른 질문이 있다. "이미 결혼한 부인이 이혼의 결과로 오늘날 남편과 헤어졌다. 배우자가 있었던 이가 그에게 간곡하게 사랑을 요구한다." 여기에 나르본 자작부인의 판결이 있다. "사랑은 부부로 인연을 맺음으로써 결합되어지는 것이다. 만약 이후에 헤어졌다면 어떤 방식으로든, 그것은 유죄가 아니다. 또한 정직한 사랑이다."

또 여기에 재판소 중의 하나에 제기된 질문이 있다. "기사는 비밀스런 사랑을 폭로한다. 사랑의 전술을 구상하는 모든 이는 종종 유사한 위법을 요구하기도 하고 복수하기도 하며 형벌이 유해하게 돌아오지 않을까 두려워한다." 가스코뉴 사랑의 궁정은 다음 방식으로 답한다. "죄인은 이제부터 사랑의 모든 희망에 대해 욕구불만을 느낄 것이다. 그는 모든 궁정의 기사와 부인들로부터 비열함과 경멸을 당할 것이다. 만약 어떤 부인이 대담하게 이 법규를 폭로한다면 그녀는 완전히 정직한 여성들로부터 반목을 결코 받지 않을 것이다."

그러한 판결에는 당대 생각들이 잘 반영되어 있다. 그것은 완전히 있음직한 일이다. 그러나 그들은 법학자들이 말하는 것처럼 '법적 절차'로 돌아가지는 않았다. 그것은 다른 문제다. 처벌 이전에 우선 정보를 주는 것이다. 레이누아르와 그 이전과 이후의 다른 이들은 노스트라다무스를 차용한다. 그들은 변덕스러운 역사학자의 방법을 인지했을 때 신용을 보장하지 않는다. 그의 습관을 따르면, 그는 트루바두르들과 관계를 유지하며 수집한 어떤 매뉴얼로 변모하고 과장되며 변질되었다.

틀림없이 그들 중의 몇몇은 시의 발구에서 그들이 정착하는 여성을 지칭했으며 그들의 논쟁시를 종결지었다. 레이누아르가 인용한 논쟁시에서, 노스트라다무스에 따르면 두 대화자 중의 한 사람이 말하는데 "궁정이 충실하기만 하다면 난 당신을 정복할 것이네. 난 미인을 교육 궁정에 붙잡아 두고 있는 피에르프에게 논쟁시를 보낸다네." 최후의 트루바두르인 기로 리키에르는 그의 논쟁시 중의 한 편을 판단하면서 참여한 부인에게 질문한다. 두 명의 다른 트루바두르들은 그들이 결과적으로 일치를 보지 못한 질문에 관한 판단을 맡기기 위해 세 명의 부인을 지정한다.

그러나 그곳에도 단순한 양식이 있다. 트루바두르들의 습관인데 그들의 시적 토론을 그들을 보호해주는 주군이나 혹은 더 드물기는 하나 그들 귀부인이 판단해달라고 보냈다. 그들의 시를 피에르프 혹은 시녀(Signe) '궁정'에 보내면서 트루바두르들은 성의 귀부인들과 어쩌면 직접적인 측근만을 고려했을 것이다. 그리고 리고 드 바르베지외가 한탄을 했던 피(Puy) '궁정'은 정의롭지 않은 주군의 '궁정'과 달랐다. 우리가 알고 있는 우리가 더 형식적인 것을 인용했던 그 어떤 텍스트에서도 이 관점에 대해 다른 설명을 허락하지 않는다.

그는 얼마나 동등한 암시로 인해 알게 해준 그토록 중요한 제도가

낯설 것인가! 프로방스 문학은 미완성과 어두운 몇몇 단편으로 제한되지 않는다. 프로방스 문학은 이 장르의 제도로서 꽤 풍부하다. 만약 존재한다면 침묵하에 지나가지 않았을 것이다.

사제 앙드레의 텍스트에 관해서 레이누아르는 어느 정도의 평판에 동의하고 관찰을 했으며 이 작가는 풍문으로 남프랑스의 문학 관례를 알았다. 그의 책은 그의 주변 궁정 특히 샹파뉴 백작의 사회에서 가졌던 생각이 반영되었다. 그 자신이 트루바두르를 알았던 그것은 이미 전설 같은 것이었다. 증인은 이 관점에 관해 거의 가치가 없다. 그를 변호해서 말할 수 있는 모든 것은 틀림없이 노스트라다무스의 경우가 아닌 올바른 맹세일 것이다.

따라서 트루바두르들이 살았던 사회에서는 그들의 사랑에 관한 정통적 교리를 판단하기 위한 곳은 주군의 궁정도 아니고 개인 궁정도 아니었다. 단지 재판소였는데 공공의 의견을 들을 수 있는 재판소 혹은 오히려 그들이 글을 쓰는 세련된 사회의 재판소였다. 우리는 이 장의 첫 부분에서 사랑의 규율과 엄격한 규율을 언급했었다. 그것은 자연법과 닮아 있다. 어떤 곳에도 적혀져 있지 않은 그러나 모든 사람들이 알고 있는 심장의 저 깊은 곳에 깊숙이 새겨진 것 말이다. 그것은 트루바두르들이 다루는 규칙들이다. 그 규율은 약간 기사도의 규율 같기도 했고 만약 판결의 폭이 좁고 가혹했다면 어떤 법학자도 옮겨 쓸 필요를 느끼지 못했을 것이다.

트루바두르에 관하여 법, 규율 그리고 비유적으로 달리 말해서 재판소에 대해 말하는 것은 현대의 아주 평범한 산문적인 개념 시의 과거 속으로 이동하는 것이다.

성 안에서의 시적 회합은 분명히 있었으며 장엄한 결혼식에서도 트루바두르들은 시를 암송하거나 노래했을 것이다. 전체 엘리트 사회에서 청중을 선택함으로써 공개적으로 의견을 들을 수 있는 진정한 재판소가 형성되었고 우리는 위대한 트루바두르들을 연구하면서 그들이 법에 어떻게 순응했는지를 볼 수 있을 것이다.

트루바두르의 주요인물:
최초의 시대

만약 우리가 트루바두르들의 시에 관한 완벽한 역사를 만들지 못했다면 시작해야만 하는 것은 바로 푸와티에 백작인 기욤부터다. 그의 삶을 말하기에는 길지만, 그는 활동적이고 방탕하며 때로는 덜 계몽적이고 유쾌한 성격이었다. 또 집필에 있어서는 낯설고 투박함과 섬세한 우아함이 혼재했으며 혹은 우아한 사고와 순수하고 기묘한 사고도 놓치지 않는, 그럼에도 결국 관능성이 지배하는 작품들을 창작했다. 이미 우리는 그가 프로방스 문학사에서 차지하는 위상과 시의 특징을 알고 있다. 따라서 조금 덜 알려졌지만 흥미로운 다른 트루바두르들에게로 시선을 멈추는 것이 더 나은 것 같다.

1. 마르카브룅(Marcabrun)[1]: 사랑에 대한 관념, '여성 혐오' 성향의 트루바두르

이 첫 시기에서 가장 독창적인 트루바두르 중의 한 사람은 틀림없이 마르카브룅이다. 그는 가스코뉴 출신이고 일대기에 따르면 슬픈 젊은 시절을 보냈다. "우리는 그를 한 부유한 가문의 대문 앞에서 발견했고 출생에 대해서는 그 어떠한 것도 결코 알지 못했다." 전기를 계속 따라 가보면 사람들은 그를 '잃어버린 빵'이라 불렀다.

디에즈(Diez)는 1140년에서 1195년까지를 그의 활동 시기로 보았다. 그러나 더 사실 임직한 내용으로는 1150년 이상을 거슬러 올라가지는 않는다는 점이다. 그는 트루바두르인 세르카몽(Cercamon)의 제자였다.[2] 또 세상을 유람하듯 삶의 한 부분을 지나쳐다녔기에 그렇게 불

---

1) 1110년 오비야르(Auvillar)에서 출생하여 1150년경에 사망한 것으로 추정되는 가스코뉴 출신의 트루바두르이자 작가임_옮긴이.

2) 세르카몽에 관하여 다음을 참조할 것. cf. 드쟌느 박사, 툴루즈-파리, 1905.

리게 되었던 것이다. 마르카브뤵의 스승은 적어도 부분적으로는 사랑의 관능적인 개념에 대해 푸와티에 백작에게 얽매어 있지 않은 듯 보였다. 우리는 그의 제자가 어떻게 멀어지는지를 보게 될 것이다.[3]

마르카브뤵은 대략 40여 편의 시를 남기고 있다. 그중에서 참신하고 진실 되어 차별화되는 여러 작품이 있다. 우리는 이미 가장 아름다운 로망스와 예쁜 전원시 한 편을 인용한 바 있다. 그러나 그의 작품의 많은 부분은 세상에 알려지지 않았고 모호한 상태로 남아 있다. 한 비평가가 언급한 바로는 "우리는 겨우 1/4만 이해한다." 초기 작품들 중의 하나는 모호하고도 조사법이라고 부르는 문체로 이 장르를 표현하였다. 그것은 가장 높은 시에서 나타나는 시 형태에 관한 개념이다.

그의 독창성과 관련한 것은 사랑에 대한 개념일 것이다. 이 시의 초기 전형 중의 하나는 이를테면 사랑의 주제에 대해 오로지 다루었는데 특히 여성을 혐오하는 데 할애가 되었다. 이 트루바두르는 초기에 사랑과 여성에 대해 가장 격렬한 풍자시를 창작했음에 틀림없다. 낯선 초기작품들은 현대비평가들에게 주목을 받았을 뿐만 아니라 마르카브뤵과 동시대 활동한 트루바두르들에게도 영향을 끼쳤다.

"난 마르카브뤵이다. 시에서 말하길, 마담 브륀느의 아들이며……난 결코 사랑하지도 사랑받지도 않는다." 사랑에 대한 이러한 혐오는

---

3) 마르카브뤵은 격렬한 풍자시를 창작한 시인임_저자.

개인적인 슬픔에서 야기된 것인가? 혹은 시를 창작하는 트루바두르로서,[4] 마르카브뤵처럼 업둥이는 남에게 매력과 사랑을 느끼는 것이 불가능하고 기쁨을 향한 취향이 무가치한 것일까? 더욱 수긍할 만한 다른 이유가 있다. 그러한 사랑의 개념은 여전히 만장일치는 아니지만 리무쟁, 푸아투, 생통주와 같이 프로방스 시의 요람인 곳에서 출생한 위대한 트루바두르들이 창조해내기 시작했다는 점이다. 그리고 마르카브뤵이 생각하는 문학적 독창성은 선임자인 기욤 드 푸아티에와 특히 동시대 인물인 조프르 뤼델과는 반대되는 사랑의 주제를 다루는 것에서 발현이 되었다.

그는 어떻게 당대의 보편적인 생각과는 다른 사랑을 원했던 걸까? "기아와 전염병 그리고 전쟁도 사랑만큼 땅 위에서 이토록 악을 만들지는 않는다……. 그는 관(棺)에 누워 있는 당신을 보면서도 슬픔으로 눈물이 고이지는 않을 거야." 연속적인 비교는 그의 사고방식을 더욱 잘 이해하게 한다. "그는 흥미가 없는데, 사랑이란 고양이보다도 더 악착같이 핥는 것이다." "사랑과의 거래는 악마와 관련이 있다. 사랑은 때릴 어떤 다른 채찍도 필요하지 않다. 사랑은 거세게 할퀴는 순간이 될 때까지 긁어대는 사람보다도 더 의식하지 않는다." "사랑은 모기보다도 더 부드럽게 찌르지만 치유는 더 어렵다." "사랑은 그을음 아래를 덮고 집의 밀짚과 대들보를 불태우는 불똥과 비슷하다. 또 불로 파괴되는 것은 어디로 도망가야 할지를 모른다." 우리가 보듯이 그의 시(詩)에는 사랑에 대한 이러한 풍자의 모습이 있고 그 방법은

---

4) 피에르 오베르뉴, ap. Diez, *L.W.*, p.43.

비교를 통해 독창성을 나타내고 있다. 또 마르카브뤵 작품 속에서 나타내는 풍자는 여전히 더 맹렬하고 더 활기 있으며 번역할 수 없을 정도의 노골성이 있을 정도다.

그러나 시인은 다음 시의 한 구절처럼 감정의 곤란함을 신중하게 말하는 법을 알았다. "사랑의 환대를 속임수 없이 부여하길 원하는 사람은 지나친 오만과 반역을 배척하면서 정중하고 예의바른 가정으로 뒤덮어야만 한다." 또 그는 '순수하고 완벽한' 사랑을 덜 진실 된 사랑과 '거짓' 사랑과 동일선상에 두는 실수를 저지르는 평범한 트루바두르들을 불편해했다. 따라서 사랑은 모든 기쁨의 '뿌리이자 정상'이며 연인에 대한 충실성은 힘이고 '많은 창조물에 대한 권력'으로 이해된다.

결국 사랑을 경멸하는 이 사람조차도 속된 사랑을 노래하기 위해서가 아니라 트루바두르들이 마음에 품고 획득한 고상한 사랑을 위해 정의롭고 충실한 곡조를 찾을 줄 알았다. 이러한 측면에서 그들의 혈통, 계보를 알아보자. 그도 여전히 정중함, 우아한 예의범절을 만드는 사랑의 개념은 있다. 여기서는 그가 사랑을 정의 내리는 어떤 용어와 사랑을 어떻게 이해하는지를 볼 수 있다. "정중함은 역량을 유지하는 것을 자랑하고 역량은 친절함과 사랑이 담긴 예의바름이다. 따라서 지혜로운 인간은 미덕을 아는 정직하고 최고의 여성이 된다."

연관된 이 두 단어에 주목하자. 궁정의 예의범절과 역량, 이는 트루바두르들의 장점이며 종종 찬사를 받는 이유다. 그들이 활동한 시대의 사회에서 트루바두르의 연대는 17세기가 말하듯이 정직한 인간을 만드는 것이다.

발췌한 희귀 작품은 결국 마르카브뤵이 창작한 다른 대부분의 시와 별로 유사하지 않다는 점이다. 그것은 예외적인 시(詩)고 특히 풍자 시인으로서의 기질을 보여주고 있다. 그의 창작은 신랄함으로 구별되는데 우아하고 섬세함보다는 힘차고 강렬하다. 요컨대 회의주의와 비관주의인 셈이다.

2. 조프르 뤼델(Jaufre Rudel):
'먼 곳에 있는 공주'를 향한 사랑

이 창작은 다른 측면에서 흥미롭다. 결국 성지로 떠난 트루바두르는 조프르 뤼델과 관련이 있다.

"난 시와 곡조가 바다 저쪽에 있는 조프르 뤼델에게 전달되기를 바라네. 난 프랑스인들이 그들의 사랑을 기뻐하는 걸 듣기를 바란다네."

이 다정한 시인의 작품은 풍자시인과 간결하게 대조를 이루고 있으며 창작된 시편으로서 마르카브뤵이 헌사했다. 우리는 여기서 조프르 뤼델이 소설 같은 사랑의 모험을 위한 영웅이자 희생자임을 기억하지는 않는다. 또 우리에게 남겨진 몇 편 안 되는 샹송의 발췌본을 제시하고 싶지 않다. 마르카브뤵의 표현처럼 그는 사랑에 있어 구별할 수 없는 인물이다. 그는 더 순수하고 더 이상적인 방식을 지녔다.

그는 결코 보지 않았던 또 결코 만나지 않아야만 하는 여성을 위해 스스로를 태워버린다. 만약 그의 최후의 순간에 관한 전설 이야기를 믿는다면 만나긴 만났던.

여기, 우선 그가 전형화된 사랑에 대해 쓴 몇몇 용어가 있다. "머나먼 땅에 존재하는 사랑, 나로서는 슬픈 사랑이라네. 난 당신이 불러줄 때까지는 그리움의 치료약을 찾을 수도 없네. 결코 신은 가장 아름다운 여성도 기독교인도 유대인도 사라센인도 신의 사랑을 어딘가에서 얻는 만나의 양식인 이도 창조하지 않았어."

조프르 뤼델의 대부분 샹송은 이 '머나먼 사랑'을 암시하는 걸로 가득 차 있다. 한 편은 이 주제의 전개에 완전히 할애하고 있는데 '머나먼'이라는 용어는 일곱 개의 행으로 된 각 절의 운에 두 번이나 나타난다. 일종의 후렴구를 말한다. 이 방식으로 형성된 감동은 주목할 만하다.

> 5월의 날들은 길고 난 저 멀리 새들의 노래를 들으며 감미롭네. 멀어질 때 난 멀리 떨어져 있는 사랑을 추억하네. 난 슬픈 사랑으로 차가운 겨울보다도 내 마음에 들지 않는 산사나무 꽃을 노래하러 고개를 숙이며 걸어가네.

> 결코 난 사랑의 기쁨을 갖지 못하네. 내 사랑이 저 멀리에 있다면. 난 최고로 가장 아름다운 여성, 가까이 있지도 멀리 있지도 않다는 걸 알기 때문이네. 장점은 그토록 완벽하고 난 그녀를 위해 사라센 왕국 저 멀리에서 비참한 상태로 살아가길 원한다네.

난 이 머나먼 사랑을 본다면 슬프지만 만족스런 마음으로 떠날 것이네. 그러나 내가 그 사랑을 볼 때를 난 모르네. 우리의 땅은 지나치게 멀리 있기 때문이지. 행렬과 길이 있다네. 그가 신의 마음에 들지 점쟁이도 아닌데 어떻게 알겠어.

난 신을 믿어요. 내가 이 머나먼 사랑을 만날 것이라는 걸. 그러나 내게 오는 선(善)과의 맞바꿈으로 난 그 고통스런 악(惡)을 참아낸다네. 이 사랑은 그토록 멀리 있기 때문이지. 아! 난 그곳에서 순례자가 아니네. 순례자의 의복과 지팡이를 든 아름다운 시선의 순례자!

신은 모든 창조물을 만드시고 머나먼 이 사랑을 창조하셨네. 내게 힘을 주시고 난 곧 이 사랑을 만나길 열망하네. 현실적으로 안락한 장소에서, 한결같은 궁궐로 보이는 방과 정원으로 된 곳 말일세.

내게 구경꾼을 부르는 이와 머나먼 사랑의 연인은 진실을 말한다네. 어떤 다른 기쁨도 이 머나먼 사랑이 올 거라는 기쁨보다 더 나은 것은 없다네. 그러나 나의 욕망은 실현 불가능하지. 내 운명이 사랑받지 않은 채 사랑하는 것이기 때문이지.5)

우리는 이 시편에서 사랑과 종교에 대한 감정이 꽤 이상하게도 섞여 있음에 주목할 수 있다. 신은 시인의 심장 밑바닥에서 머나먼 사랑의 형태를 하고 있었다. 시인은 모든 것을 창조할 수 있기 때문이다. 트루바두르는 꿈이 현실화되게 해달라고 신에게 간청했다. 시인은 신자이며 성지로 순례를 떠나길 원하는 충실한 신자이며 틀림없이 2명의 십자군이 포함되어 있었다. 신은 소원을 들어주셨다.

---

5) Appel, Prov.Chr., p.55.

이러한 사랑과 종교의 혼재는 관능적인 신비주의 경향을 띄고 모든 시편을 지배하는 모호하고 난해한 어떤 것인데, 동시대 비평가들에게조차 믿게 만드는 것이며 머나먼 땅의 사랑은 신의 어머니 성모 마리아를 향한 신비로운 사랑만 있을 뿐이다.[6] 결국 궁정시는 종교시로 손쉽게 변형되었던 것이다. 우리는 이러한 발전 단계와 조프르 뤼델의 시에서 보이는 더욱 모호한 용어로 창작된 성모 마리아에게 바쳐진 시 한 편 이상을 볼 것이다.

그러나 앞서 제기된 가설을 반박할 수 있는 진지한 이유가 있다. 그 주된 사항 중 하나는 당시로는 여전히 시작되지 않았던 궁정 연애시의 변형이라 할 수 있는 이 시를 썼던 시대에 관한 것이다. 이러한 변형의 초기를 보려면 반세기 이상은 기다려야만 한다. 틀림없이 1150년 이전에 창작된 시일 것이다.

더 흥미로운 점은 이 샹송이 어떻게 프로방스의 전기 작가가 그대로 반영하여 전설로 새롭게 태어났는지를 보여준다는 점이다. 조프르 뤼델은 십자군에 참가하여 성지를 간 경우다. 이러한 사실로 추정할 때 우리는 그가 창작한 대부분의 샹송에서 나타나는 소설 같은 요소를 결합할 수 있을 것이다. 다시 말해서 시인은 신이 허락한 것만을 보거나 아예 보지 않았다. 또 그의 운명은 사랑받지 않은 채 사랑하는 것이었기 때문에 상대방을 보지 않았음에 틀림없을 것이다. 역사적인 사실과 소설 같은 요소가 결합되어 전설을 낳았던 것이다. 시인

---

6) M. C. Appel, in *Archiv für das Studium der neueren Sprachen*, tome CVII.

은 전설을 창조하기 위하여 창작했고 전설은 우리가 시대의 '정신'이
라 부르는 것의 호기심 어린 징후가 되었다.

3. 베르나르 드 반타두르(Bernard de Ventadour)

베르나르 드 반타두르는 마르카브뤵과 조프르 뤼델과 동시대에 살았던 인물이며 우리는 프로방스 시에서 가장 위대한 인물들 중의 한 명에게 향하고 있다. 우리는 그의 일대기에서 재회하지 않을 것이다. 오히려 우리는 그의 작품을 알기 위해 전체를 주파(走破)하는 것이 아니라 필요한 삶의 부분만 언급할 것이다. 그는 순수하고 진실하며 그리고 감정의 세련됨으로 인해 대부분의 다른 트루바두르들과 구별되고 있다. 이 문학의 한가운데에서 약간 단조로운 모노톤인 고대 프로방스 문학에서 그의 시들은 진정한 매력을 드러냈던 것이다.

4. 삶을 향한 관념

삶에 대한 관념이 가치가 있을까? 바로 솔직한 순수성 때문일 것이다. "그것은 죽은 것과 다름없지. 사랑의 부드러운 맛이 심장에서 느껴지지 않아. 사랑 없이 산다는 것이 무슨 소용이 있으랴, 다른 이에 대한 걱정을 하지 않는다면?" 여기는 삶의 관념에 대하여 논하는 자리는 아니다. 아마도 우리 동시대 사회에서는 조금 수정해야만 할 것이다. 빅토르 위고에게 우리는 어떤 '위대한 사랑'과 어떤 '성무'(聖務)에 관해 질문을 할 수 있을 것이다. 이러한 관념의 가치에 대해 강조하지 않은 채 우리는 어떻게 베르나르 드 반타두르가 자신의 삶을 관념에 순응했는지를 관찰할 것이다.

우리가 기억하는 바에 따르면, 그는 반타두르 성에서도 가장 가난한 하인의 아들이며 그의 주군은 시(詩) 교육을 받은 인물이다. 그는 초기 시들을 주군의 부인인 부르봉 집안의 몽뤼숑의 아녜스에게 바쳤다. "우리 둘 다 아이였을 때부터, 그가 말하길, 난 그녀를 사랑했고 열정적으로 사랑했으며 내 사랑은 해가 갈수록 더해졌다……."7) 이러한 시적 연결은 틀림없이 그 사랑이 오래 지속된 것인데 당시 관례로 비추어볼 때 만약 비방가들이 주군의 마음속에서 그 시인이 없다면, 에블르 드 반타두르는 차가운 태도로 불편한 심기를 그에게 보였고 아녜스는 은둔하려고 남편에게 요청함으로써 그들의 사랑은 그렇게 끝이 났다. 꽤 좋은 기분에서 사랑의 모험을 쟁취한 순간이었고 사랑의 기억은 슬픔과 비애를 가져왔다. 어쩌면 시간이 흐르고 나서야 주군에 대한 원한은 약해졌을 것이고 억압과 강요된 힘을 떠나서 그녀 곁으로 돌아갔을까? 모든 방법을 놓고 볼 때 만약 다음 샹송의 첫 부분으로 판단해본다면 돌아간다는 것을 단념한 것 같아 보이진 않는다. 그는 샹송에서 열정적인 어휘로 사랑이 그에게 초래한 기쁨을 표현하고 있다. 동시에 우리는 그가 질투심을 야기한 남편이 가혹하게 지켰던 자신의 여성에게 보내는 낯선 위로와 신기한 조언에 주목할 수 있다.

> 꽃이 푸르른 잎사귀 아래에서 보일 때 난 맑고 고요한 날씨를 보네. 숲에서 부드러운 노래를 새들이 지저귈 때 내 심장은 부드러워지고 날 소생하게 한다네. 그건 새들이 그들의 방식으로 노래하기 때문이지. 내 심장에 새들은 기쁨 이상을 주고 난 노래하네. 모든 나날들은 기쁨이고 노래이기 때문이지. 난 다른 것은 생각하지 않는다네.

여기에 더 이상한 절이 있다.

---

7) "우리가 어렸을 때부터……" 이것은 단테가 베아트리스를 사랑하기 시작했을 때와 같은 나이이다_저자.

여인이여, 만일 내 눈이 당신을 본다면 내 심장은 당신을 알아보겠지. 내가 애통해하는 것 이상으로 당신은 애통해하지 마오. 나 때문에 당신은 감시를 받게 되었음을 난 알기 때문이오. 만약 남편이 당신의 심장을 뛰게 한다면 뛰지 못하게 하세요. 만약 그가 당신을 슬프게 한다면 또한 당신도 그를 슬프게 하세요. 악으로 선을 얻지는 못할 테니까요.

이 트루바두르가 경쾌하며 가벼운 어조로 타인의 불행을 감내하는데 감탄하자. 다음 절은 더 고상한 어조다.

내가 가장 사랑한 이 세상의 여인, 온 마음과 충실성으로. 그녀는 나의 소리에 귀 기울이고 나의 기도에 응답하네. 그녀는 주의 깊게 나의 말을 듣고 기억한다네. 만약 사랑이 지나쳐서 죽는다면 나도 죽으리. 난 그녀를 향한 사랑을 내 심장 안에 두었기 때문이지. 그토록 완전하고 그토록 자연스런 모든 사랑은 세상에서 가장 충성스럽지만 내 사랑과는 비교도 할 수 없지.[8]

---

8) M. W., p.19.

5. 반타두르(Ventadour)와의 반목

베르나르는 예상대로 기만당했음을 이내 알아차렸다. 다음 샹송은 그가 고향을 떠나며 느끼는 우수를 표현하고 있다.

내 모든 친구는 날 잃었네. 반타두르를 향해서. 나의 귀부인은 더 이상 나를 사랑하지 않기 때문이라네. 그녀는 내게 성난 얼굴을 보여줬지. 내가 그녀를 사랑하는 행운에 그만 마음이 기울여졌기 때문이라네. 여기, 그녀의 탄식과 성냄의 유일한 원인이 있다네.

낚시에 걸릴 때까지 어떠한 것도 눈치 채지 못하는 미끼로 던져진 물고기와 닮은 난 어느 날 너무 사랑하게 되었지. 내가 나의 광기를 알아채고 화덕의 불보다 더 강하게 날 태우는 화염의 한가운데에 있었네. 내가 사슬을 흔들 수 없는 이 사랑의 관계 속에 사로잡혀 있었지.

난 사랑이 이러한 관계 안에서 날 사로잡는 것에 놀라지 않지. 나의 귀부인은 세상에서 볼 수 있는 것 중에 가장 아름답기 때문이지. 아름답고, 하얗고, 신선하며, 유쾌하고 활달한 완전히 나의 이상형과 닮은. 어떤 단점도 말할 수 없다네…….

또한 그는 그녀에게 묶여져 있는 신비로운 이 사슬을 끊을 수 없어.

난 언제나 그녀의 명예와 재산을 원했고 난 언제나 그녀의 봉신이자 친구이며 하인이었을 것이오. 난 사랑할 것이오. 그녀의 마음에 들거나 그렇지 않거나. 사랑의 감정을 죽이지 않고 사랑을 제지할 수 없기 때문이오.

6. 아키텐(Aquitaine)[9] 출신의 엘레오노르(Éléonore)[10] 및 툴루즈(Toulouse)[11] 백작인 레이몽 5세(Raimon V)[12] 곁에서의 체류

이러한 사랑의 충실성에도 불구하고 베르나르는 리무쟁을 떠나야만 했다. 그는 노르망디의 공작부인인 아키텐의 엘레오노르 궁정으로 갔다. 엘레오노르는 푸와티에의 최초 트루바두르인 기욤의 손녀였다. 그녀는 할아버지의 유쾌하고 명랑한 성격과 시를 향한 큰 사랑을 품고 있었으며 시인에 대해 많은 공감과 또 모범이 될 만한 관례에 대한 가벼움을 물려받았다. 그녀는 트루바두르들과 중세 음유시인들이

---

9) 프랑스 남서부의 유서 깊은 지방으로 세자르의 『갈리아 전기』에도 언급된 주요 지역이며 1137년에 프랑스 왕국으로 병합됨_옮긴이.

10) 1122년 혹은 1124년에 출생하여 1204년에 사망한 아키텐 공작부인으로서 프랑스 왕국과 영국의 왕비를 차례로 지냈음_옮긴이.

11) 8세기에서 13세기까지 중세 백작령을 이룬 남부 프랑스 지방으로 1271년 프랑스 왕국에 병합됨_옮긴이.

12) 978년과 979년 사이에 사망했으며 백작으로 재위기간은 972년에서 978년임_옮긴이.

부른 모든 노래를 존중했다. 1152년 이후로 프랑스의 왕 루이 7세와 이혼을 한 그녀는 노르망디의 공작인 앙리와 약혼을 하였고 수년 후에는 영국의 왕비가 되었다.

우리는 그의 두 번째 인생 동안에 창작된 베르나르 드 반타두르의 여러 샹송을 남긴다. 그가 몽뤼숑의 아녜스를 알았던 것처럼 어린 시절 이래로 새로운 여인을 알지 못하기 때문일까? 혹은 그의 사랑의 모험이 더 신중하기 때문일까? 이 시기의 샹송에서 그는 더 조심성이 있었고 노르망디 공작부인이 그에게 보여준 우정의 감정에 대해 덜 거만했다.

여기, 그가 경의를 표하기 위해 창작한 샹송 한 편이 있다.

내가 보았을 때, 광야에서, 나뭇잎은 떨어지고 추위가 닥쳐오기 전에 아름다운 시절은 숨어 버리네. 내 노래를 듣는 이는 날 마음에 들어 하네. 난 노래를 부르지 않고 2년 이상을 머물렀네. 난 이 태만에 속죄해야 하지.

그토록 거만함을 내게 보이는 그녀를 숭배하는 것은 날 힘들게 하지. 만약 내가 그녀에게 호의를 요구한다면 그녀는 단 한 마디로 답을 해주지 않겠지. 나의 어리석은 욕망은 죽음을 초래하고 돌려줄 사랑에 주의를 기울이지 않은 채 사랑의 아름다운 허울에 열중하기 때문이라네.

그녀는 그토록 속임수에 천재적이지만 날 부드럽게 혹은 비밀스럽게 사랑하길 원하는 그녀를 내가 그렇게 만드는 재주가 있지. 또 부드러운 시선으로 날 혼동하게 만들지.

귀부인이여, 당신은 어떤 기만도 알지 못하는가? 당신의 봉신이 어떤 악을 행한다면 당신에게 내려질 손실을 난 생각하기 때문이라네.

신은, 세상을 지배하는 분, 그녀 곁에서 날 맞이하는 의지를 마음깊이 변호하지. 난 나의 귀부인 앞에서 그토록 겁에 질리고 어떤 선(善)도 누리지 못한다네. 또 그녀를 연민하기 시작하네. 그녀가 내게 주기 위하여 혹은 기쁨에 따라 날 배반하지.

그녀는 꽤 나쁘게 행동했지. 만약 그녀 근처에 오라고 명령하지 않는다면, 그녀 방으로, 무릎을 꿇고 겸손하게 '발에 잘 맞고 신기 편한' 구두를 벗기기 위하여. 만약 내가 그녀의 발에 손을 내미는 걸 마음에 들어 한다면.

시는 끝나고 어떤 단어도 잊은 것이 없는데. 그는 노르망디 땅과 저 심오하게 깊고 야생의 바다를 초월하여 글을 쓰네. 난 나의 귀부인과 멀리 떨어졌음에도 불구하고 신이 그녀를 보호해주듯 연인으로서 나의 마음을 끄네!

만약 영국 왕과 노르망디 공작이 허락한다면 난 우리에게 닥쳐올 겨울 이전에 그녀를 볼 것이야.[13]

긴밀한 관계는 사랑의 개념을 이 샹송의 여러 대목에서 보이는 기사의 관습과 연결 짓는 것이다. 시인은 귀부인의 마음대로 그녀가 원하는 대로 그를 만들 수 있었다. 봉건적 권리의 관점에서 봉신은 어떤 손해를 감수하고도 마지막에 괴로워하는 이는 봉건 군주이다. 베르나르 드 반타두르는 그 이후로 이 원칙을 상기할 수 있는 다른 트

---

13) 만(Mahn)의 텍스트, *Gedichte der Troubadours*, n° 707.

루바두르들의 최초 인물들 중 한 명이다. 결국 우리는 무릎을 꿇고 구두를 벗는 허락을 요구하는 시의 절을 적어둘 수 있었다.

이 샹송은 삶에 어떤 암시를 포함하는 베르나르 드 반타두르의 드문 시 중의 하나이다. 일반적으로 관련 있는 이를 알아볼 수 있는 어떠한 특징도 포함하고 있지 않다. 게다가 베르나르 드 반타두르는 그의 귀부인을 지칭하기 위해 여러 가명을 사용했다. 아름다운 전경과 명화는 몽뤼숑의 아녜스를 가리키는 이름이고 혹은 안락함, 연인 혹은 트리스탄을 사용했다. 이러한 조심성은 세상에 알려지지 않은 그의 삶의 역사를 알게 하는 데 공헌했다.

여기서 우리는 그의 귀부인이 그에게 차가움을 보인 2년 전부터 노래 부르기를 멈춘 것만을 배운다. 트루바두르들의 일상적인 하소연을 우리는 그에게서 찾았으며 그의 샹송은 '노르망디와 깊은 바다를 넘어' 창작되었다. 시편은 영국에서도 창작되었을까? 아마도 그랬을 것이다. 베르나르 드 반타두르는 이 나라를 십중팔구 방문했을 것이고 트루바두르들 중 이런 경우로는 드물었다.[14]

그의 샹송 중 다른 한 노래는 엘레오노르의 부재 동안에 왕비의 궁정 혹은 적어도 모든 궁정과 멀리 있는 궁정에서 창작되었다. 이미지화된 문체가 빛을 보거나 자비로 인해 드러나고 감동을 주는 진실로서 사랑은 표현되었다. 우리는 트루바두르들이 갖고 있는 높은 자질

---

14) 마르카브뤵 역시 영국을 방문했다. Cf. G. Paris, *Esquisse historique*, § 86.

인 역량과 운율의 찬가를 기록할 것이다.

난 기쁨으로 가득 찬 심장을 가지고 있네. 모든 것은 자연을 바꿀 듯하네. 내겐 추운 겨울이 하얗고 진홍빛의 맑고 투명한 꽃으로 가득 찬 것 같아. 바람과 비와 더불어 나의 행복을 생각하네. 나의 노래가 돌진하고 일어나며 나의 정점은 성장하기 때문이라네. 난 사랑, 기쁨, 부드러움 같은 심장을 갖고 있기 때문이지. 겨울은 내겐 꽃으로 가득해 보이고 눈은 푸른 잔디 양탄자처럼 보이네.

난 옷 없이도 갈 수 있다네. 완전한 사랑은 추운 삭풍으로부터 날 보호해주니까. 사랑은 충분하고 절도를 지키지 않는 미친 짓이지. 난 가장 아름다운 사랑을 추구하기까지 경계해야 하기 때문이라네……

잔잔한 물결 위에 배처럼 난 균형 잡기가 어려워 날 구원해 줄 거라는 희망을 갖고 있어.

난 날 짓누르는 불행을 피하기 위해 어디로 도망을 가야 할지 모르겠어. 사랑은 나에게 징벌로 다가오고 연인 트리스탄은 또한 금발 이졸뢰를 갖지 않았어.

아, 신이시여, 만일 체류를 향해 깊은 밤으로 들어가고 제비와 비슷할 수 있다면! 유쾌한 귀족 부인, 당신은 연인의 사랑이 이토록 지속되는 고통을 근거로 삼을 수 없음에 두려워하지. 귀부인이여, 당신의 사랑 앞에서 난 손을 잡고 기도를 하네……

내가 생각하는 여인은 이 세상 어디에도 없다네. 난 기쁨으로 빛을 받은 내 얼굴과 내가 돌아갈 만큼 다시 모습을 나타낼 정도로 좋아하지. 따라서 난 날 배신하는 관점에 있네.

난 풍미 이상으로 탄식하면서 종종 눈물을 흘릴 정도로 그렇게 완벽한 사랑으로 사랑한다네.

메시지의 전달자여, 흐름과 가장 아름다운 분에게 나의 징벌과 고통 그리고 순교를 말할 거라네.[15)]

그러나 그는 기록하길, 시적 명성의 찬란함이 우리 트루바두르의 조용함을 저해했다는 것이다. 엘레오노르 곁에서의 몇 년 체류 이후에 그는 떠나야만 했는데 아마도 몇 년 전에 반타두르 성에서 떠나게 된 것과 같은 이유였다. 그의 삶을 불평하는 험담가들[16)]은 틀림없이 이러한 불명예 속에 있었다. 적어도 그의 샹송의 변천에 따라 추측할 수 있다. 트루바두르들의 일상적인 과장으로 그가 떠나야만 하고 최고 기쁨의 매력과 아름다움을 찬양한다. 또 자비로 사랑스런 감정과 부자연한 외면치레를 표현한다.

내가 잠이 든 밤에 나이팅게일 새가 부르는 감미로운 노래로 인해 난 기쁨으로 어쩔 줄 몰라 하며 깨어났네. 영혼은 사랑스런 꿈으로 가득 찼네. 기쁨을 사랑하는 내 삶이 유일한 일이고 기쁨으로 인해 나의 노래가 시작된다네.

만약 내가 가진 기쁨을 안다면 만약 내가 기쁨을 듣게 할 수 있다면 모든 다른 기쁨은 나의 기쁨과 비교해서 꽤 적을 것이네. 그러한 것은 자기 것을 자랑하고 부유해지며 나처럼 절반을 갖지 않는 완전한 사랑으로는 최상이지.

난 종종 우아한 신체와 내 귀부인의 선행을 생각으로 주시

---

15) M.W., p.23.

16) 험담가들에 관한 많은 암시는 다음을 참조할 것. cf. Pätzold, *Die individuellen Eigenthümlichkeiten einiger hervorragender Trobadors*, § 79.

하네. 만약 우아한 예의범절로 차별화되고 말을 잘할 줄 안
다면. 내겐 온전한 1년이 필요해. 만약 그토록 그녀가 갖고
있는 우아함과 차별화된 모든 장점을 말하길 원한다면.

귀부인이여, 난 당신의 기사요 언제나 당신의 하인이며 섬
길 준비가 되어 있소. 난 맹세하건대 당신의 기사요. 당신
은 나의 첫째가는 기쁨이요. 내 삶이 지속되는 한 당신은
나의 마지막이요.

믿는 것은 신체가 멀리 떨어져 있지만 그녀가 어떻게 쉽게 재
치에 접근하는지를 모르지. 내가 그녀에게 최고의 메시지를
줬다는 걸 알아야 하지. 내게 떠오르는 건 그녀의 아름다움에
관한 생각이라네.

내가 당신을 보는 줄도 모른 채 난 슬프고 처량하게 떠나
버리네. 당신을 위해 난 왕을 떠난다네. 자비로움으로 난
이 이별의 고통을 갖지 못하네. 내가 부인들과 기사들의 세
계에서 낯선 궁정에서 정중하게 스스로를 소개할 때.[17]

이 마지막 생각을 불러일으킨 영감은 살기 위해 필요한 것일까? 베
르나르는 엘레오노르에게 일종의 '여비'를 요구한다. 또 어쩌면 삶을
보낼 새로운 환경에 대해 마음 깊숙한 슬픔에도 불구하고 겉으로는
기쁨을 우선적으로 표현하며 변명했을 것이다.

그는 틀림없이 결코 엘레오노르로 돌아오지 않았다. 궁정을 떠나
며 그는 툴루즈 백작인 레이몽 5세의 궁정에서 살았다. 레이몽 5세는
남프랑스에서 가장 권력 있는 최고 주군이었으며 그의 관할지는 론

---

17) M. W. I, 21. '기쁨'과 연관해서는 장로이(기욤 드 푸아티에, p.19) 참조_저자.

강까지 펼쳐져 있었다. 그는 특히 트루바두르든 봉신이든 풍부하고 윤택하게 베풀었으며 하사품을 배분해준 인물 중의 한 명이다.

연대기 작가인 조프로이 드 비주아는 우리에게 그러한 사실을 알려준다.[18] 1174년에 영국의 앙리 2세 왕은 아라곤의 왕과 툴루즈의 백작 사이의 평화를 재정립하기 위하여 보케르에서 위대한 주군 회합을 소집했다. 이 회합은 막대한 지출을 감행한 것이었다. 툴루즈 백작은 프로방스 주군인 아구 남작에게 10만 솔을 선물로 줬고 남작은 자신의 기사들에게 나누어줬다. 다른 주군은 벌판을 경작했고 3만 솔에 해당하는 씨를 뿌렸으며 세 번째로는 300명의 기사를 데려왔다. 밀랍으로 된 횃불의 열기로 기사들의 식사를 준비했다. 이 분야에서 이만한 사치는 드물지 않았다. 틀림없이 과장된 일상을 이야기하는 중세의 전설이다. 그러나 전설과 과장은 아마도 진실의 변형일 뿐이며 연대기 작가는 상상력으로 모든 것을 쓰지는 않았다.

우리는 툴루즈 백작의 궁정에서 베르나르 드 반타두르의 시적 활동에 대해 아는 것이 없다. 그는 여러 트루바두르들을 그곳에서 만났다.[19] 그는 특히 페르 로지에, 페르 레이몽을 알았음에 틀림없는데 툴루즈 부르주아의 아들이며 아라곤 왕의 곁에서 살았다가 궁정 시인 자격으로 툴루즈로 돌아온 인물이었다. 아마도 페르 비달과 폴케 드 마르세유 및 많은 다른 트루바두르들도 알았다. 따라서 그는 영광의

---

18) Geoffroy de Vigeois, ap. Diez, L. W., p.322.

19) 툴루즈 백작 궁정의 트루바두르들에 관하여 다음을 참조할 것. cf. Paul Meyer의 『랑그독의 일반적인 역사』, 10권.

정상에 있었고 모든 라이벌보다 우위에 있었다. 그러나 우리의 시선에서는, 그의 생애에서 이 시기는 그의 샹송을 포함하는 암시가 별로 보잘것없었으므로 가장 어두운 시기로 생각한다.

틀림없이 툴루즈의 레이몽 5세 곁에 체류하는 동안에 그는 나르본 자작부인인 에르망가르드의 명예를 위한 샹송 몇 편을 창작했다.[20] 이 귀족부인은 50년(1142~1193) 이상 동안 자작령을 관할했고 정치적인 역량과 최고 일류 수준의 군대를 거닐며 탁월한 지위를 가졌으므로 그녀 주변에는 당대 가장 유명한 트루바두르들이 모여들었다. 그녀는 나르본에서 온 오베르뉴 출신의 페르 로지에를 정식 시인으로 임명했다. 그는 그녀에게 반하여 '험담가'들이 그를 떠나게 만들 정도로 악의에 찬 소문들을 퍼트릴 때까지 궁정에 머물렀다.

베르나르 드 반타두르는 에르망가르드에게 호소하였고 '험담가'들에 의해 귀부인이 그를 잃어버렸다고 불평하였다. 노르망디의 백작부인과 관련된 일일까? 그것은 여러 가지 이유로 볼 때 충분히 가능성이 있는 이야기다. 여기서는 베르나르 드 반타두르의 일상적인 조심성 때문에 또 그들 귀부인의 이름을 애써 숨기고 우리는 추측을 최소화하려는 드루바두르들의 일반적인 습관 덕분에 알 수 있다. 여기에 에르망가르드 외에 다른 사람일 수는 없는 '나르본의 귀부인'에게 바치는 샹송이 있다.

---

20) 나르본의 트루바두르에 관하여 다음을 참조할 것. cf. *Mélanges Chabaneau*지의 논문, pp.737-750.

난 야생 밤꾀꼬리의 소리를 들었네. 그녀는 내 심장 안으로 들어와 버렸네. 그녀는 사랑의 근심과 비탄을 가볍게 해주었네……

야생 밤꾀꼬리는 기쁨과 사랑, 심장과 욕망을 향하여 안내하지 않는 비참한 삶을 인도하지. 자연은 나무, 벌판, 계곡, 과수원과 정원, 초원 도처에서 울리는 메아리와 기쁨으로 넘쳐나기 때문이지.

난, 맙소사! 사랑을 잊어버렸네. 기쁨의 몫은 있으나 슬픔은 나를 고통스럽게 하지. 난 어디에서 쉬어야 할지 모른다네. 만약 내가 어떤 악을 말한다면 날 가벼이 붙잡아 두지 말게.

혈통이 나쁘고 교활하며 무례한 귀부인은 날 배신했다네. 그러나 그녀도 배신을 당했지. 그녀는 자신 스스로를 때리기 위해 종려나무 잔가지를 얻었다네……

난 그녀 마음의 변덕스러움을 볼 때까지 잘 섬겼다네. 그녀가 사랑을 내게 허락하지 않기 때문이지. 난 그녀를 섬기느라 미칠 지경이었지. 그러한 섬김은 보상을 받지 못했고 브르타뉴의 기다림은 주군으로부터 종자(從者)를 만드는 일이기 때문이라네.

신은 나쁜 메시지를 지닌 나쁜 운명을 준다네. 험담가가 없다면 난 사랑을 누릴 것이네. 자신의 귀부인과 논박하는 어리석은 짓. 그녀가 날 용서해주기를 그녀에게 용서를 빌었네. 둘 다는 악을 만드는 위선자라네.[21]

베르나르는 1194년에 백작이 죽을 때까지 툴루즈 백작의 궁정에서 머물렀다. 그때 베르나르는 이미 나이가 든 인물이었다. 1150년 이전

---

21) M. W. I, 30.

에 비로소 그의 첫 시들이 나오기 시작했기 때문이다. 백작이 죽자 그는 태어난 고향에서 유명한 수도원으로 들어갔다. 달롱 수도원인데 그곳에서 그는 죽음을 맞이한다. 우리의 시인은 영광을 누렸고 그의 시들은 '샹송집' 대부분에 있다. 많은 부분을 차용하는 후대 트루바두르들에 의해 종종 인용되었다. 동시대의 위대한 시인은 카르두치(Carducci)로 '베르나르 드 반타두르, 12세기 사랑의 시인'[22] 제목으로 그에 대한 연구를 했다.

---

22) Carducci, *Un poeta d'amour del secolo* XII, NUOVA ANTOLOGIA, XXV-XXVI.

7. 베르나르 드 반타두르의 독창성

그를 잘 나타내주는 제목이다. 시인은 사랑이며 이 원천에서 오는 것을 다른 시적 영감으로 표현하지 않았다. 그의 샹송 중 한 편은 이 주제를 전개하고 있는데 우리는 그에 대한 설명을 마치면서 짧은 발췌본을 인용할 것이다.

> 시는 내겐 거의 가치가 없네. 그녀가 마음 저 깊은 곳에서 온다면, 완전한 사랑을 지배하는 그곳, 이 원천에서 그녀가 오기만 한다면. 나의 노래가 다른 노래보다도 더 뛰어난 이유가 바로 이것이라네. 사랑의 기쁨은 나의 전부, 입, 눈, 심장 그리고 감정을 가득 채우니까.

> 내가 어떠한 것도 소유하고 있지 않을 때 신은 사랑의 욕망을 내게서 빼앗아 가는 걸 삼갔다네. 매일 새로운 악을 초래할 때 난 언제나 사랑이 준비되어 있는 심장이 있을 것이오.

> 몰랐기 때문에 거친 군중은 사랑을 비난하지. 어떤 손해도

끼치지 않는데 말이야. 이름과 사랑의 외관만을 아는 속된 사랑인 하류 사랑만을 알기 때문이지…….

완벽한 두 연인의 사랑은 욕망 그 자체를 가지고 있고 만족해하지. 만약 욕망이 비슷하지 않다면 그 어떤 것도 얻을 수 없지. 사랑은 욕망이고 마음에 들지도 않으면서 찬미하는 것과 사랑을 비난하는 것은 정말 미친 짓이지.[23]

또 내가 다른 트루바두르들보다 노래를 더 잘 부른다는 것은 놀랄 일도 아니라네. 난 첫 시작 부분을 더 잘 만들고 사랑을 그들보다 더 갖고 있기 때문이지. 난 내 신체, 내 심장, 나의 지식, 나의 지성, 나의 힘 그리고 나의 희망을 시안에 쏟아 붓지. 난 세상에서 흥미 있는 것은 사랑을 향한 것뿐이지.[24]

우리는 이러한 사랑의 고백을 멈출 수 있다. 또 우리는 우리 시인들의 작품 속 도처에서 발견할 수도 있다.

또 그는 사랑을 고상하고 귀족적인 힘으로 가장 잘 표현하는 트루바두르들 중의 한 명이다. 그들의 교리를 따르면서 인간의 모든 재능과 미덕의 원천이며 가장 귀족스러운 열정을 드러내는 시인이었다. 단지 이 주제를 무한한 다양성으로 전개하는 데 있어 어려웠다. 우리는 일찍이 소진되었고 프로방스 시에 대해 너무 일찍 그러했다. 이 이론을 표현하는 데 있어 지나친 기교와 합의, 협정이 있었다.

이 중요한 결함은 13세기 동안 심해졌는데 여전히 베르나르 드 반

---

23) M. W. I, 33.
24) M. W. I. 36.

타두르에게 있어서는 거의 관련이 없는 사항이었다. 틀림없이, 익숙하고 훈련된 눈은 노쇠함과 쇠퇴의 싹을 알아챌 수 있으나 베르나르드 반타두르에게는 드물었다. 주로 장악한 부분은 섬세함인데 불행하게도 번역에서는 사라져버린 매력으로 부자연스럽고 가공된 듯한 섬세함이었다. 생기 있고 명민한 상상력과 특히 시와 감정의 신선함은 종종 프로방스의 시에서 발견할 수 없는 것이다.

그의 초기 시는 합의 내지는 협정의 부분을 답습하고 있어 기술하는 데 독창성과 신선미로 인해 구별되지는 않았다. 그는 '기쁨으로 움직이는 날개로 태양을 향하고 있는 종달새'를 보았다. 그는 나이팅게일 새의 지저귐을 '과수원의 꽃 아래에서 기뻐하는' 것으로 들었다. 그는 사랑의 상태와 자연의 양태 간의 대조를 태어나게 하는 완전히 순수한 감정을 시로 우아하게 표현할 줄 알았다. 이 사랑이 기쁨일 때 땅을 뒤덮고 있는 눈이 그에게는 덜 중요했다.

결국 겨울은 봄이고 내리는 눈은 그에게 5월의 하얀 꽃을 기억나게 한다. 겨울의 창백한 태양은 감추어지고 '사랑의 환한 밝음은 그의 심장에 햇볕을 쬐게 한다.' 나이팅게일 새의 노래는 '사랑으로 모든 것이 기쁜' 그를 깨우고 그러나 만약 그의 사랑이 슬프다면 이 같은 노래는 더 이상 매력적이지 않다. "노래 부르기를 좋아하는 나는 기쁨과 경쾌, 희열을 들었을 때 슬픔과 권태로 죽어간다." 그것은 우리가 "자연은 기쁨으로 넘치고 풀, 정원 그리고 과수원, 계곡, 평야와 숲 도처에는 공명, 메아리가 울려 퍼지며"로 특징을 상기하는 것처럼 더 높게 인용된 샹송을 추구했던 동일한 감정이기 때문이다.

우리에게 이미 익숙한 면에서는 덜 심오하고 덜 폭발적이지만 서정시인의 강점들임에 분명하다. 그러나 그 모든 것은 동일한 원천에서 나왔으며 정신, 재치라기보다는 사랑의 원천이다. 영감 속의 진실과 솔직함과 삶에 대한 관념, 순수하고 우아한 상상력은 베르나르 드 반타두르에게 선사할 만한 미덕이며 프로방스 문학에서의 주요한 위상에 걸맞은 것이다.

참고문헌*

1. 사전

F. Raynouard, 『로망어 어휘(Lexique roman)』, 6권, Paris, 1838~1844.

E. Levy, *Provenzalisches Supplement-Wœrterbuch*, Leipzig, 1984~1895.

Emil Levy, 『프로방스어-프랑스어 소(小) 사전(Petit dictionnaire provençal-français)』, Heidelberg, G. Winter.

J.-B.-B. Roquefort, 『로망어 고어사전(Glossaire de la langue romane)』, 3권, Paris, 1808~1820.

De Rochegude, 『트루바두르의 시 이해 돕는 옥시탄 고어에 관한 시론(Essai d'un glossaire occitanien pour servir à l'intelligence des poésies des troubadours)』, Toulouse, 1819.

2. 문법

Raynouard, 『로망어 문법 1권(Grammaire de la langue romane tome I)』, Cf. 『로망어 문법 개론(résumé de la grammaire romane)』 1권 어휘편(Tome I du Lexique).

F. Diez, 『로망어 문법(Grammaire des langues romanes)』, 번역 Gaston Paris, A. Brachet, Morel-Fatio, Paris, 1873~1876, 3집.

W. Meyer-Lübke, 『로망어 문법(Grammaire des langues romanes)』, 번역 Rabiet et Doutrepont, 4집, Paris, 1889~1905.

C.-H. Grandgeant, 『고대 프로방스어 형태론과 음운론에 대한 관례(An outline of the Phonology and Morphology of old provençal)』, Boston, 1905.

H. Suchier, *Die französische und provenzalische Sprache, Grœber, Grundriss der romanischen Philologie*, 3집, Strasbourg, 1888~1902.

O. Schultz-Gora, *Altprovenzalisches Eiementarbuch*, Heidelberg, 1906.

---

* 저자의 표기를 최대한 존중하여 번역함_옮긴이.

3. 테스트

A. COLLECTIONS, 『옥시탄 시 혹은 트루바두르의 독창적인 시선집(Le Parnasse occitanien, ou Choix de poésies originales des Troubadours)』[par de Rochegude], Toulouse, 1819.

F. Raynouard, 『트루바두르의 독창적인 시선집(Choix des poésies originales des Troubadours)』, 6집, Paris, 1816~1821.

Id., *Gedichte der Troubadours*, 4집, Berlin, 1856~1873.

B. CHRESTOMATHIES.-K. Bartsch, *Chrestomathie provençale*, 6판, 1904.

C. Appel, *Provenzalische Chrestomathie*, 3판, 1907.

V. Crescini, *Manualetto provenzale*, 2판, 1905.

『기욤 9세의 시(Poésies de Guillaume IX)』, A. Jeanroy, Paris-Toulouse, 1905.

『트루바두르 세르카몽(Le troubadour Cercamon)』, le Dr Dejeanne, Paris-Toulouse.

U-A. Canello, *La vita e le opere del trovatore Arnaldo Daniello*, Halle, 1883.

A. Bartsch, 『지로 드 보르넬(Giraut de Bornelh)』, Halle, 1907.

K. Bartsch, *Die Lieder Peire Vidal's*, Berlin, 1857.

M. Grœber, *Die Liedersammlungen der Troubadours*, Strasbourg, 1877(Romanische Studien, IX).

4. 문학사

Millot, 『트루바두르 문학사(Histoire littéraire des troubadours)』, 3집, Paris, 1774. (성 파라예 필사본 참조)

F. Diez, *Leben und Werke der Troubadours*, 2판, Leipzig, 1882.

F. Diez, *Die Poesie der Troubadours*, 2판, Leipzig, 1883.

C. Fauriel, 『프로방스 시 사(史)(Histoire de la poésie provençale)』, 3집, Paris, 1846.

K. Bartsch, *Grundriss zur Geschichte der provenzalischen Literatur*, Elberfeld, 1872.

C. Chabaneau, 『트루바두르 전기(傳記)(Les Biographies des Troubadours)』, Toulouse, 1885.

A. Stimming, *Provenzalische Litteratur*, Grœber의 Grundriss, 2권 2부.

A. Jeanroy, 『중세 프로방스 시(La poésie provençale du Moyen Age)』, Revue des Deux Mondes, 1899.

A. Restori, *Letteratura provenzale*, Milan, 1891.

A. Jeanroy, 『프랑스 서정시 기원(Les Origines de la Poésie lyrique en France)』, 2판, Paris, 1904.

A. Pätzold, *Die individuellen Eigenthümlichkeiten einiger hervorragender Trobadors im Minneliede, Marbourg*, 1897.

M. V. Crescini, 파두(Padoue)대학 교수, 『프로방스 문학사(Histoire de la littérature provençale)』 출간 준비.

옮긴이 후기

 이 책의 원제는 『트루바두르들, 그들의 삶, 그들의 작품, 그들이 끼친 영향(Les Troubadours, leurs vies, leurs œuvres, leur influence)』이나 본 번역본은 『지중해의 여행자, 트루바두르』로 제목을 바꾸었다. 11세기 남프랑스에서 출현한 음유시인인 트루바두르는 오늘날 남프랑스뿐만 아니라 스페인과 이탈리아를 포함하는 고대 옥시탄 지역에서 활동을 하였고 지중해를 배경으로 국경을 넘나들며 그 영향을 끼쳤기 때문이다.

 저자 조세프 앙글라드(Joseph Anglade, 1868-1930)는 툴루즈 대학에서 남프랑스어와 문학을 가르치는 교수로서 문헌학자, 로망스어 학자, 트루바두르 서정시 전문가로 활동했고, 남프랑스 연구센터를 설립하여 고대 프로방스어와 옥시탄어의 역사와 보존에 평생을 바쳤다.
 무엇보다도 이 책의 장점은 트루바두르에 관한 최고 전문가가 오랜 연구의 결과로 빚은 옥고를 학자뿐만 아니라 남프랑스 문학에 관심 있는 이들을 위하여 소개하고 있다는 점이다.

이 책을 번역하게 된 동기는 지중해 지역의 언어교류로 인한 혼종성 및 유형화를 공부하면서 남프랑스에 남아 있는 고대 그리스-로마의 영향을 조사하고 옥시탄어의 문학적 특징과 영향 및 중세 랑그독-루씨옹 변경지역과 알비파 십자군을 논문으로 엮어내면서부터였다. 문학가이자 음악가이기도 한 트루바두르의 이동 경로가 지중해의 언어 교류와 그 맥을 같이하고 있어 흥미로운 주제였기 때문이다.

그동안 숙원했던 번역을 시작하여 1부를 완성하고 나니 2부에 대한 열망이 강해진다. 모쪼록 즐겁게 중세 트루바두르를 만나러 가는 시간이길 간절히 바래본다.

조세프 앙글라드(Joseph Anglade, 1868~1930)

- 프랑스 문헌학자 및 로망스어 학자
- 트루바두르 서정시 전문가
- 툴루즈 대학 교수
- 옥시탄어로 된 많은 저서, 트루바두르에 관한 저서, 고대 프로방스어 문법서 등 출간
- 남프랑스 연구 센터(現 옥시탄어와 남프랑스 자료 연구 센터) 설립
- 주요 저서로『트루바두르 기로 리키에르, 고대 프로방스 시 쇠퇴기에 관한 연구(Le Troubadour Guiraut Riquier. Étude sur la décadence de l'ancienne poésie provençale)』,『중세 남프랑스 문학 약사(略史)(Histoire sommaire de la littérature méridionale au Moyen Âge)』,『트루바두르 선집(Anthologie des troubadours)』, 『고대 프로방스어 혹은 고대 오크어 문법, 음성학과 형태론(Grammaire de l'Ancien Provençal ou ancienne Langue d'Oc. Phonétique & morphologie)』등이 있음

장니나

- 부산외국어대학교 불어학과 졸업
- 부산외국어대학교 대학원 불어불문학과 졸업
- 프랑스 파리3대학교 언어와 문화 교육학 D.E.A.학위 취득
- 프랑스 파리8대학교 언어학과 Doctorat 학위 취득
- 현재 부산외국어대학교 지중해지역원 HK연구교수로 재직 중
- 주요 논문 및 저·역서로「프랑스 지역어 정책과 교육 방안에 대한 고찰-옥시탄어 사례 연구」,「중세 랑그독-루씨옹 변경지역 언어 간 통섭 연구-알비파 십자군 전쟁을 중심으로」,「골 주거문화 용어의 그리스-로마 수용으로 보는 이(異)문화 융합」,『지중 해연합을 향한 로드맵』,『딸과 엄마: 한 무슬림 소녀의 명예살인에 대한 이야기』,『19 세기 지중해의 풍경』,『지중해의 신화』등이 있음

지중해의 여행자,
트루바두르

초판인쇄 2016년 6월 25일
초판발행 2016년 6월 25일

지은이 조세프 앙글라드
옮긴이 장니나
펴낸이 채종준
펴낸곳 한국학술정보㈜
주소 경기도 파주시 회동길 230(문발동)
전화 031) 908-3181(대표)
팩스 031) 908-3189
홈페이지 http://ebook.kstudy.com
전자우편 출판사업부 publish@kstudy.com
등록 제일산-115호(2000. 6. 19)

ISBN 978-89-268-7444-8 93920

이 책은 2007년도 정부의 재원으로 한국연구재단의 지원을 받아 수행된 연구
(NRP-2007-362-A0021)입니다.